天下文化
BELIEVE IN READING

我所嚮往的生活文明

嚴長壽 —— 著

目錄

序文　文明是我們信仰的微光　006

第一部　我們所剩的優勢

Chapter 1　二戰以來全球最大的停滯危機　018

Chapter 2　不被非理性市場所操控　040

Chapter 3　管控成長才能永續經營　050

第二部 建立生活的文明

Chapter 4 彈性假的硬傷與年假的失落 068

Chapter 5 留住集體文化記憶——傳統慶典的意義 080

Chapter 6 為生活留下一片可仰望的天空 096

第三部 打造永續的經濟體質

Chapter 7 政策先行，找到定位，進行總量管制 110

Chapter 8 經營在地特色，成為慢活小鎮 130

Chapter 9 當「未來」已成過去，今後如何繼續？ 156

第四部 教育必須不一樣

Chapter 10 準公民的試煉——自由與自律的真義 174

Chapter 11 用思辨力來修正民主之弊 184

Chapter 12 人停下來，才是生活的開啟 202

第五部 大國對立下台灣唯一的路

Chapter 13 與人為善的小國之道 232

Chapter 14 文明，才是唯一的解方 264

序文

文明是我們信仰的微光

起心動念全因疫情

兩年多以前，我曾受邀赴美國矽谷演講，那是我在北美大型巡迴演講的最後一場，現場湧入了上千名的聽眾。面對這樣盛大的場面，聽眾們專注的眼神，演講到了最後，我想到自己已經年過七十，生命也來到黃昏，百感交集之下，我私下決定將不再花時間寫書、演講，該是把舞台讓給下一代年輕人的時候了，只希望傾注此生所有心力在偏鄉教育及公益活動上。

但沒有想到新冠肺炎卻來了，原本打算不再寫書、演講的我，面對二戰以來全世界最大的停滯，包括國境交通的停滯、經濟的停滯、人際關係的停滯，尤其是曾經同屬觀光旅遊同業夥伴們正經歷墜崖式的崩解等等，各種無法教人樂觀的現象，讓我不得不打破沉默，再次秉筆直書。

陶淵明曾說「心為形役」，身心的自由何其寶貴。如今病毒很有效率的把全世界變成一個大牢籠，強制性的社交距離，將人的親密感切斷，人心惶惶，使得全世界瀰漫著一股「躁」。口罩遮住的臉孔，時不時顯露焦慮、憤怒、低落的情緒，令人有種「天地之大，卻無容身之處」的感受，大家的心裡彷彿都感染了一場瘟疫。

從受災中受教

如今疫苗雖然已現曙光，但離全球解禁還有漫長的等待歲月，甚至持久戰才剛要開始，更遑論恢復正常生活的時間。

對比世界其他國家，台灣疫情控制相對穩健，傑出的醫療水準、嚴謹的疫情指揮，加上大家的努力，得以讓世界刮目相看。但我們不能心存僥倖，在疫情停滯中，我們的心態不能停滯，更不能白白空手而回。這是一次「厚植自己能力」最好的機會，我們除了受災，還必須從中「受教」。

從觀光旅遊來看，如果我們還停留在推廣三、四十年前的行程，早就不足以承載未來。但我們卻也見識到，因國境封閉，原本專營國際旅遊的業者，紛紛轉向與國內的旅遊業者爭搶生意，在無學習、無規劃的情況之下，不但沒有提升台灣旅遊的品質，反而因政府的推波助瀾，衍生了國旅亂象，讓本來承載有限的國旅市場，極有可能再次重蹈幾年前迎接陸客潮的景況，再一次未蒙其利，深受其害。

當我們已經走向一個新的文明之時，身為旅遊業的夥伴，更有義務把大家帶向一個新的境界。過去我們有好幾位文化人、美學大師和禪學大師，曾在不同時期帶團遠赴國外的美術館、博物館參訪學習。學員不惜付出高昂的代價，就是為了學得深，學得好，學得有價值。我們可以大膽提出一種想像，如果現今團員的素養都大幅進步，語文能力比導遊更好，歷史掌故也懂得比導遊更深、更廣，甚至從業同仁皆自許「人人都是美學家、各個都是文化人」之時，領隊就不能再靠佣金、殺價來攬客，必須努力與時俱進，蛻變成為有國際視野、文化內涵的角色，而現在正是整個台灣旅遊脫胎換骨的一個大好機會。

脫胎換骨「轉大人」

談這些不是批評，而是對曾經共事的同業更深切的期許。如果我們還停留在彈性湊假的熱潮裡，持續大力撒錢、搞內需、鼓勵暴起暴落的消耗型態旅遊；對旅人本身是磨損；對資源來說是剝奪；對旅遊觀光業的提供者是消耗；對自然環境是傷害，那麼我們的生活文明、旅遊觀光品質及文化深度，就無法普及和深化。

從積極正向的角度放大來看，這波疫情也正好是台灣整體難得「轉大人」的契機。過去台灣一直高喊產業升級，可是一直未有成效，政府應該趁此機會，捨棄那些進入門檻低、容易下手的低垂果實（the low-hanging fruit），把經費與資源用在刀口上，例如，產業界原來缺乏的人才、學術界原來不足的技術，可以藉此調節、補課；讓待業的大學生得以學習實務的經驗；讓產業界的老師傅、技師們趁這個空檔，可以培養下一代的夥伴，甚至輔導那些因少子化面臨倒閉潮的學校，積極改制，讓教授重新進修，學生再次學習，而且特別聚焦在人工智慧無法取代的生活能力與美學素養，力求全面性的轉型升級，努力擺脫單一語系的市場思維。

博雅於生活

如果我們的教育還在教導未來機器可以取代的內容，遲早會被淘汰。可以想見未來十年之內，一個人若只有一項單一的技能，並不足以支撐未來。在科技時代，也更加凸顯跨界學習與「博雅教育」（liberal arts education; general education，或稱通才教育、全人教育）的重要。賈伯斯在去世前幾年成立了公司內部培訓人才的蘋果大學（Apple University），請來哈佛、耶魯等名校的講師開課，除了教授公司決策與科技專業之外，也強調溝通技巧、文學、藝術、音樂與舞蹈等素養的培養，因為光有技術，產品將欠缺文化與內涵，更無法創造出感動人心的品味，科技最終還是走回了人性。

台灣到目前為止，很幸運的都沒有封城，當我們在為自己能正常生活及健康的盼望明天而感到深深確幸之際，我們其實更應該利用這段沉潛期，廣泛的為自己增能、進修，看幾本大書、接觸經典的古典音樂、戲劇、增強體力、投入自然奧妙深處，甚至沉澱心境，與自己相處。當我們的生活因為懂得音樂、文學、戲劇、山海拓展等經驗時，生命將有所提升。

放大格局來看，如今台灣社會已經發展出各種成熟的生活風貌，不管是腳踏車、三鐵、衝浪、山海體驗等等，也逐漸成為年輕一代更正向面對生命的態度。此外，原住民文化與生活體驗、多元的民宿風情、小鎮文化，這些都是我們能夠發揮的優勢，可以吸引更多世界的朋友前來欣賞，生活的文明需要時間的淬鍊，生活的精采也將在各個角落慢慢詮釋和綻放。

鐵達尼號透出文明的微光

長久以來，我們一直努力參與國際，讓世界能夠認同我們。疫情之中，身為地球村共同的一員，台灣自然無法置身事外，鄰居若是失火，大家應該要合力滅火，還是只是獨善其身？插手旁觀，難保火勢不會殃及自己，這些議題都值得我們深思。這幾年無論台灣或國際，我們不幸看到不少政客，肆無忌憚的踐踏著民主，而且還囊括為數眾多的認同選民，過去最起碼保留口號似的利他主義，現今已經淪為公開的利己主義，甚至犧牲別人也在所不惜，疫苗競爭下，合縱連橫的角力，更讓人心驚。

電影「鐵達尼號」，感動我的不是愛情，而是輪船要沉沒前的那刻，所有乘客在慌亂尖叫聲中搶登救生艇，卻有一個清晰堅定的聲音喊著：「讓婦女和小孩最優先上船！」而船上那幾位四重奏演奏者，不僅沒有慌張，反而從容不迫的拿起手中的樂器演奏了起來，無懼生死，撫慰人心，展現出一種文明的高貴，令我忍不住流下眼淚。

當新冠疫情持續蔓延的此時此刻，全世界的感染及死亡數字不斷飆升，我們需要更加同理這個普世的苦難，而做為強國環伺下的小國，我們又該如何思考未來永續發展？如何謀求長遠的和平之道？這些都更值得我們細細斟酌、思考。

用思辨力探照未來的路

而我特別掛念我們這一代的年輕人。照理說無論從物質生活、學習環境到社會可以提供的資源，這一代的年輕人應該算是幸福的一代。但在少子化之下，這代年輕人卻毫無選擇，勢必要承擔上一代所累積的社會負擔。思及這些，我也不得不感慨，下一代的孩子面臨的是一個辛苦的環境。我想說：「孩子！對不起，我們沒有把更好的未來給你們，但是，你們必須自己找出自己的路！」我殷切盼望年輕人要自己拿出主張、拿出力量，成為文明社會裡最堅實的公民，我們社會需要尋找穩定的力量、清晰的視野，尤其在你們一出生就有網路世界、卻無網路紀律的此時，你們更需要成為具有思辨力的公民，認真的討論與監督政府，才會產生一種健康的壓力，敦促政府堅守正確的大方向。

這本書是疫情結束前的再思考，裡面談到的每一個問題，都攸關台灣下一步應該走的方向，可是問題看似簡單，改變問題，卻是幾乎寸步難行。即使略有批評，也都是出自對台灣深切期待的心。局勢混沌、風雨如晦，我們彷彿走進深不見底的黑暗隧道，但文明，永遠是我們眼前唯一信仰的微光。

第一部

Part 1

我們所剩的優勢

九〇年代台灣經濟高速成長的日子，
創造了現今的經濟成果，
但是台灣早已邁入下一個階段，
我們不能再用以往過好日子、富日子的心態，
面對眼前席捲而來的嚴峻寒冬。
如果政府的主事者沒有看到這些，
只想操作短效的政策討好選民，
媚俗最後會讓我們付出代價。

Chapter 1

二戰以來全球最大的停滯危機

新冠肺炎疫情造成了二戰以來全世界最大規模的停滯：經濟的停滯、賽事集會的停滯、文藝的停滯、人與人交流的停滯，而且可以預見的，最糟的局面甚至尚未來到。

截至二〇二〇年十二月中旬，新冠肺炎已經造成全球超過七千多萬人感染、超過一百六十萬人死亡。過往我們認定先進的美國、歐洲，全在這次跌了一大跤，美國如今有超過三十萬人染疫死亡，是全球最多。而且，入冬之後第二波疫情比我們想像來得還要快，每天確診及死亡人數一直往上竄升，世界衛生組織表示，除非全球採取全面的行動遏止病毒擴散，否則死亡人數「非常有可能」達到兩百萬人以上。

如海嘯席捲而來的五大現象

面對後疫情時代全球經濟停滯的危機，我看到下面五個現象正向我們席捲而來：

第一、從觀光旅遊的市場來看，可以預期「消費性旅遊」將因為經濟停滯，成為非必要性消費，而且會變慢、變近、變少。經濟停滯之下，人們傾向把錢配置在生存必要所需，而省下其他非必要花費，因此消費及金流會變慢、變保守、變得審慎，除了少部分經濟充足的人士，最終旅遊消費都將日趨保守，直到經濟與疫情全面掌控。

第二、將來企業可能因線上管理的強化，不再需要群聚辦公場所，實體店面、辦公室的需求也會減少。很多公司都因疫情被迫遠距辦公，或許剛開始手忙腳亂，但是適應一段時間之後，發覺其實這種模式效率也不錯，只要定期來公司進行必要的面對面溝通即可，真正需要在辦公室裡工作的時間反而大幅減少。以矽谷為首的幾家科技巨人，也正在研究利用自身的科技，讓遠距工作更加便捷、更加同步即時，有的公司甚至考慮聘用、吸納偏遠地區的新員工，分散、遠距反而變成一種開拓性的優勢。譬如二〇二〇年五月中，臉書執行長祖克柏（Mark Zuckerberg）即宣布預計接下來的五到十年間，臉書會讓將近五〇%的員工永久在家工作；推特也允許部分員工永久在家上班，而其在美國的徵才公告也提供在舊金山、紐約、華盛頓上班的選項，甚至也可以全職在家工作。雖然這只是目前的假設，但可以確定的是，這些新做法將慢慢衝擊未來就業的整體生態。

第三、青年失業將造成社會動盪不安。二〇二〇年初受到新冠肺炎疫情影響，台灣的就業市場已經受到衝擊，無論是失業率或公司、工廠倒閉的數量也已創下金融海嘯以來的新高紀錄，而失業潮席捲，青年首當其衝，其中大學程度者的失業率更高居首位，遠高於其他學歷；而二十歲到三十歲的青年失業率也一直屢創新高。青年人原本就是網路的活躍份子，將來他們得不到工作，內心的不滿一定會想找出口發洩，更容易在鍵盤之後成為反社會的酸民。

以矽谷為首的幾家科技巨人，也正在研究利用自身的科技，讓遠距工作更加便捷、更加同步即時，有的公司甚至考慮聘用、吸納偏遠地區的新員工，分散、遠距反而變成一種開拓性的優勢。

偏偏線上言論延燒起來的怨恨情緒，更易癱瘓他們原本就搖搖欲墜的鬥志，這點最令我感到憂心。就我所知，有許多失去工作的專業人士，在房貸與生活的壓力下，不得不退而求其次，找一些基礎工作，以求生存。之前他們所有曾經受過的專業訓練與努力，如今因疫情的關係完全停頓，可以想見他們的沮喪有多深、多大。

第四、許多產業將出現「由撐到爭」的崩壞景況。目前因為航空旅遊市場的全面停滯，少數國家的航空公司趁著這一波電腦、消費用品及醫療用品的緊急需求，短期間貨運漲價，空運費也漲了三倍，將部分客機轉為貨用，憑藉突如其來的市場需求，一方面靠貨運來賺錢，一方面等待復甦的機會。但是這波疫情使得國境關閉，看來短期內不易全面恢復，貨運一時的榮景，只是權宜的過渡期，實際上旅遊經濟並不會因為疫情趨緩，載客的飛機就立刻回到原來的飽和容量。因為遊客經歷疫情，經濟上已經身受重傷，消費性旅遊通常都是在解決自身經濟問題以後的最末端需求，可以想見旅遊業必須經歷一段時間的修復期，而這絕對是一段漫長的時期。

「撐著求生」一旦僵持下去，當旅客持續大減、航空交通需求減少，供過於求的航空公司勢必捲入另一波血流成河的生存競爭——「由撐到爭」：被迫降價、砍價，遭到銀行拍賣，甚至如同現在部分郵輪無法承擔維持運轉的費用，短期內又看不到任何可能改變的跡象，只能被迫送到「輪船屠宰場」等待被解體，大批的飛機也成為負資產。我們已經看到澳洲航空公司（Qantas）把旗下的空中巴士A380巨型客機停靠在莫哈韋沙漠至少到二〇二三年，並將旗下服役近五十年的最後一架波音七四七客機退役，飛到美國拆解。今後的幾年，原來的業主必將承擔非常龐大的維持費用，除非有非常雄厚的實力，否則必然被迫走向倒閉解散之途，在資本主義的國家賤價拍賣，新的業主將以更低廉的成本承接資產，於是低成本，必然以低價格在市場上競爭，可以預期的是，在市場完全復甦以前，必是一場血流成河的市場競爭。

第五、對比一下，民營公司可以宣布裁員、破產，這是資本調節機制，亦有部分公司被政府徵用於社會福利，緩解疫情傷害。在一般開放資本市場中，民營公司宣布破產就止跌了，對於投資人來說，也等於到了停損點，一家公司宣布破產重整，起碼不會永無止境的賠下去。而被拍賣的企業雖然倒閉了，買下的人用更低的成本能夠經營下去，未來經濟復甦之後，又會慢慢創造經濟景氣。世界在過去幾年已經有過好幾次的景氣循環，從最近的一個世紀來看，無論是一九二九年的經濟大蕭條，到一九八七年的黑色星期一，還是一九九七年的亞洲金融危機，到二〇〇八年的美國次貸風暴等，都造成了全球許多公司與個人的倒閉與重整。

但相較於共產社會，因為都是國營事業，沒有這樣的機制，表面上咬著牙撐在那裡，沒有市場機制監督破產，一切都是靠政府支撐，但是營運肯定是持續惡化，只是將問題「內部化」，讓財務黑洞愈來愈大，將來無論是房地產、航空公司、銀行及各種國營事業，所受的傷只會不斷加重，營運畢竟要錢，一切勢必都是政府用稅收（老百姓的錢）墊付，撐到市場有一天重新恢復，因為一旦全面崩解，後果就不堪設想。

政府大撒錢，勞健保快破產

台灣疫情相對安全，而且控管得宜，除了歸功於醫療人員的付出，還有運氣的成分，其中疫情蔓延之前，大陸觀光客因政治因素限制來台旅遊，成功阻斷了散播的因素。如果當初台灣與日本、韓國一樣，仍保持開放大陸觀光客入境的話，台灣境外移入的感染者勢必超過目前，防疫工作也將更為棘手，甚至未必做得比日、韓還好，所以我們實在不應該過度得意自滿，鬆懈下來。

然而，我們卻看到政府回應疫情的方式，實在有許多需要再討論的地方。過去半年多以來，交通部為了撐起「海嘯第一排」的觀光旅遊業，紓困政策不斷加碼，輪番上陣，從企業、交通、觀光到飯店業者……，盡可能的雨露均霑，預計將砸下超過千億台幣。二〇二〇年十月底，立法院才三讀通過「紓困三．〇」特別預算案，其所追加的總預算幾乎達到兩千一百億台幣。但是，如果我們冷靜思考，全球旅遊確實在緊縮停滯，相對的，台灣疫情大致還能阻絕於境外，其實政府與有經驗的旅遊人士應能預料到，暑假原本就是國內旅遊的旺季，由於不能出國旅遊的「悶」，早就孕育了一股國內旅遊的強力意願，因此，對於尚有能力的旅客根本完全不需要三倍券、振興券等各項補助，就已經足夠創造國內旅遊的強大需求。

而有遠見的領導人應該在尚未掌握疫情下一步的發展及疫情持續的這段時間之前，就「預留存糧」。超過兩千億這麼大筆的錢，藉緊急事態的名義，就這樣揮手大撒出去，還有那總印製發行成本就先燒掉十五．四億元的「三倍券」，完全忽略「錢」必須用在刀口上，結果是一方面我們看到，政府以促進內需、刺激消費的名義，大力撒錢；另一方面，攸關千萬名勞工退休權益的勞保基金，依舊頭也不回的朝著破產懸崖逼近，速度甚至比當年更急、更快。

二〇二〇年公布的數字就已經足以讓人背脊發涼，勞保基金的潛藏負債已高達近十兆元，不僅入不敷出的情況提早出現，更預測勞保基金在二〇二七年就會破產，同時，我們賴以維生的健保也岌岌可危。

勞保基金警鐘大響，專家也建議要從基金本身調整，也就是多繳（提高費率）、少領（降低給付水準）、延退之外，還要靠政府預算撥補。但即使這四種措施全部施行，也沒有任何一項能解決得了眼前的嚴重問題，況且現在推動財源籌措、退休制度調整等方案，也太晚不濟事了。

至於健保，不可否認的，讓台灣在國際上受到極大的肯定，多數國民也都相當認同，但健保即將破產，卻也是不爭的事實。如果國人都認同這是個好制度，那麼無論是誰執政，都應該努力維護，使其能夠走向永續。天下沒有白吃的午餐，有能力的人確實應該負起更多的責任。

其實最簡單的辦法，就是學習國際的保險制度，健保制度要能夠長久永續，就不可能包山包海，滿足所有人，我們必須了解，健保真正最大的功能在於，當我們罹患重大疾病，無法負擔時，能夠保障我們的生命安全與健康。國際保險業通常會設定基本扣除額，健保也可如此，保大病，不保小病，例如五百元以內，甚至一千元以內的小病，除了真的經濟有困難的低收入戶，都應當自付。如此一來，一方面可以避免小病進到大醫院，浪費醫療資源，也能讓專業分工，大型醫院更可以運用高附加價值的設備與人才，專注於其專精的領域。而這些其實都是一個社會邁向文明必須具備的心態，目前沒有一個政黨敢挑戰這個問題，而這不僅是政黨問題，也是選民素養的問題。

幾年前在瑞士曾討論核廢料貯存設施建置地點，基本上，沒有人願意讓核廢料放在自家的後院，但評估後，在一個偏遠的山區找到安全的地點，於是推動了當地的民意調查，結果有五一％的人表示同意。然後為了要讓提案更吸引居民，民調又提出另一補償金方案：每個居民每年可收到六千歐元補償金。原本以為支持度會飆升到八、九成，但是令人驚訝的是，同意的比例反而從五一％一舉降到二五％，減少了一半！

民調結果為什麼會逆轉？並不是他們忽然意識到核廢料潛在的危險，而是第一次被詢問時，居民出於公民責任感，考量公眾福祉、公共利益，願意有所犧牲；但是第二次提到補償，就讓他們出於「義務的犧牲」變質為一種「金錢的交易」，反而感到一種冒犯、一種貶低，甚至受侮辱。瑞士的例子讓我們了解公民的責任與義務是金錢無法計量的，如今面臨健保的破產，我們是不是有更文明的做法，不必求政府出手解決，是不是我們發自內心以「公民自覺」提出行動，推動這樣的健保永續方案「公投」。

畢竟可以預見所有這類問題，不管是哪一個政黨執政，最終只能提出暫時解決的方案，因為沒有一個政黨願意挑戰真實問題的核心。就拿提高健保自付額來說，從過去老人年金的給付就知道，任何一個政治人物若試圖把選民既有的利益拿掉，很可能就立刻沒有了選票，這也代表我們整體的選舉文明素質仍然有待提升。但是從另外一個角度來說，如果我們做為過去經濟發展受惠的一代，是不是可以提出一個健保永續的辦法，為減輕下一代的負擔，由公益團體或選民自發性的舉辦公投，以公投的方式同意給付的額度，如此我想任何政黨或執政者就可以更大膽的向前行，當然以目前台灣的生態，大概不容易通過，但提出這個方式就是要讓大家對未來的文明，有想像的空間。

而「三倍券」對真正失業貧困的人，可以說是杯水車薪，對原本經濟條件不錯的人，這點錢又顯得只是錦上添花。所以正確的做法應該是，集中在需要的人和產業身上，就可以產生加倍的效果。

教人無法理解的是，在政府沒有想到真正長遠、根本的對策前，一邊把頭埋進沙子裡，不敢去碰這些棘手難解的問題，另一邊卻又扮演散財童子，不斷花錢、大量撒幣，只是把洞挖得更大、更深，這種問題兩黨皆然，只求媚眾於一時。這些躁進的短效施政，不僅不是長遠規劃的社會福利政策，而且一旦花費出去，都會扎扎實實的全部債留子孫。

各種統計數字都清楚顯示，我們的好日子已經遠走了，九〇年代台灣經濟高速成長的日子，創造了現今的經濟成果，但是現在台灣正邁入下一個階段，我們不能再用以往過好日子、富日子的心態，面對眼前席捲而來的嚴峻寒冬。

當我們把視野拉大，再看年輕人的未來，真教人無法樂觀。根據主計處統計，二〇一九年年底，政府潛藏債務逾十八兆兩千億元，加上現今的債務，未來我國債台將高築到二十五兆元以上，意味這波新冠疫情下的二、三十歲年輕世代，將面臨可怕的薪資停漲，還要背負政府高額的債務負擔，成為「下流世代」的青貧族！

「線上教學」與「線下教育」，兩頭落空

從代表青年人未來的教育來看，我們都看到當全世界因為疫情而被封鎖時，所

有的老師都被迫要用線上教學，所有的公司也都要用網路工作，在這樣不得不然、被逼迫的狀態中，科技其實加速了人類生活與學習的改變，當然其中最重要的就是攸關青年未來的教育。

疫情加速了零接觸經濟的趨勢，啟動或激化了遠距會議、線上教學、遠距醫療等應用的轉型發展，二〇二〇年三月開始，歐美國家陸續關閉校園，先是大學，接著是中小學，為了不中斷學習，課程沒有取消，一律改成線上教學。線上教學推動了近十年，過去始終牛步發展，如今卻因為一場疫情，歐美校園也從半推半就的狀態，到後來居然順利推動，積極迎向這個前所未有的挑戰。

畢竟「線上教學與討論」，並不只是把教學環境搬到線上那麼簡單，其背後有複雜的課程設計理念和教學模式，都是需要精心計劃與建制的，換言之，這是一門全新的教學法。但是這一波科技革新並未改變台灣，到目前為止，台灣疫情還不算嚴重，可以正常上學，導致線上教學沒有太大的進展，老師運用線上課程的能力也相對遲緩。

結果是當全世界的線上教學都在快速突破、進步的時候，我們反而呈現停滯。當線上教學沒能好好突破的同時，我們似乎也沒有充分利用寶貴的面對面學習機會，發揮新世紀教育更重要的合作、溝通、創意等線上教育無法達到的學習目的。老師因襲已經不合時宜的填鴨式傳統教學，反而錯失了一次可以脫胎換骨的轉型契機，沒有為下一波可能來襲的疫情和世界的改變做積極準備。當我們面臨兩面落空時，台灣未來恐怕得付出莫大的代價。

延伸來看，不僅學習教育如此，未來的青年就業，政府也必須有對應的策略。國外絕大部分企業過去都是遠距工作，而Google、臉書更是無限期的開放員工遠距工作，營收卻沒下滑，這代表的是「5G時代驚人的遠距作戰能力」。

可以想像未來，企業的員工可以分散在世界各個角落，同樣的，世界級的工作、人才也將進來台灣，而這將替台灣下一代帶來新的工作機會，可是事實上，我們並沒有用這種方式來思考台灣產業可以發展的未來。甚至在自我感覺良好之間，無意中錯過了轉型的契機。

沒有「無痛」的解決方案

這些迫在眉睫的大麻煩，沒有人敢碰，政府這樣大把花錢，就好像我以前講的「氣球不斷膨脹」，政府主事者就像是綜藝節目裡機智問答遊戲中的來賓，他們頭上有一顆不斷充氣變大的氣球，在倒數計時的壓力下，面對一個接一個的問題，他們拚命想出答案暫時應付，以求安全下莊，好將燙手山芋丟給下一位苦主。結果，官員像跑馬燈一樣轉上台，又轉下台，但沒有人有時間、有能力去停止那顆不斷脹大的氣球，問題也永遠沒有解決的一天。疫情下的台灣考驗著執政當局的視野、魄力與智慧，然而，解決現實問題沒有「無痛思維」的解決方案。

目前只能算是疫情中期，政府幾乎先耗盡了所有存糧，但是更重要的卻是長期應變方案。好比每年有二、三十萬的大學畢業生出社會，加上為數不少的青年失業人口，這些正值青春的年輕人該怎麼辦？我在《教育應該不一樣》一書中曾指高教畸形發展的問題，特別是技職教育。如今不爭的事實是，大部分大學生都學非所用，淪為畢業即失業的狀況，這些過去憂心的問題，隨著疫情正以倍速迎面撲來。

當年很多原本很好的工科或五專，因為搶升格變成科技大學，過度朝學術傾斜，使學生空有理論能力，沒有扎實的技術訓練，甚至不如沒有升格前的專科。其實從社會的結構與需求來看，基礎科技本來就應與時俱進，專業學校的師生們理應隨著科技發展，共同學習各項基本技能，例如，機械的操作，從三軸、四軸到五軸操作與程式設計專業，本來就有學不完的技術，如今這些學校大量放棄這些本業，走向理論導向的大學，大大減少了台灣產業上的人才需求，因此，趁著全面停滯的當下，政府何不利用疫情的空檔，輔導科技大學向一些有高超技術的企業求助？

例如，台中一直是台灣機械產業的中心，自大肚山台地到豐原、太平、大里、南投工業區，六十多公里的黃金縱谷間，是台灣精密機械的心臟地帶，包含工具機暨機械零組件、光電面板產業、自行車及零組件、木工機械、手工具、航太產業等六大產業。而這條六十公里的黃金縱谷有影響全球各領域知名企業的各項零組件，包括蘋果產品、Google 太陽能、西門子生技、保時捷關鍵齒輪、特斯拉電動車馬達、台積電十五廠所使用的機器手臂等等，都需要仰賴這條黃金縱谷的精密技術和彈性。台灣幾乎從零到有，成為全球口罩第二大生產國，台中工具機械產業，正是幕後大功臣之一。

過去身懷絕技的老師傅，平時可能忙得沒有時間教年輕人，始終有後繼無人的危機感。然而，平常忙到沒時間教人，現在趁著疫情訂單不穩、生產線閒置，不正是教導年輕人的最好空檔？如果政府出面居中協調牽線，補貼這些畢業學生生活費，輔導他們先花半年、一年，去工廠實習，同時讓工廠那些因疫情閒下來的老師傅，有機會傳授年輕人精湛技術。

也就是說，讓科技大學的畢業生將教室內學到的理論，跟業界所需的技術互相

我們不能再用以往過好日子、富日子的心態，面對眼前席捲而來的嚴峻寒冬。疫情下的台灣考驗著執政當局的視野、魄力與智慧，然而，解決現實問題沒有「無痛思維」的解決方案。

連結、印證；讓那些放無薪假的員工，可以有機會回來上班，帶領這些初入社會的新鮮人，開始走上就業的軌道，將可創造多贏的局面。從另外一個角度來看，這也包括了目前在科技大學教理論的老師，也可以重新進入產業，去重新了解產業的現況及未來趨勢。

這個方法，各行各業都適合。新冠疫情全球蔓延，NBA停賽、奧運延期，消費者怯於出門買鞋，而Nike、愛迪達等主要品牌，都陸續宣布關閉北美、歐洲的門市，讓這些國際大品牌陷入觀望，連帶也影響整個代工供應鏈。訂單遲遲不來，身為運動鞋代工龍頭的「寶成集團」只好被迫選擇減薪、放無薪假，甚至關廠裁員。

因此，這樣的方式也可以預先儲備下一波人才，例如，寶成很多業務在東南亞的越南、印尼，甚至可以利用當前生產線的空窗期，培養這些在台灣外籍配偶的孩子成為會講中文和越南話的雙語人才，培訓他們成為未來的幹部，待疫情緩和，經濟再度興起時，便馬上就有人力可以投入，同時也提升了外配在家庭的地位。政府應該要有這樣的高度和視野，把錢花在為台灣的明天做準備，這才是真正的超前部署。只是這些想法，很少人談起，我們要善用這個空窗期，不能白白浪費了。

疫情若捲土重來，存糧在哪裡？

法國存在主義作家卡繆（Albert Camus）在其象徵人類命運的《瘟疫》一書中提到：「天災是由不得人的，所以有人認為它不是現實，而是一場即將消失的噩夢。」他諷刺愚昧的人類，永遠將災難視為一場噩夢，以為睡醒了就消失了，但現實上，這樣的噩夢將永遠不會消失，甚至不同的災難或浩劫，極有可能在人類遺忘之際，來勢洶洶的捲土重來。

何況，眼前全球疫情還沒有結束，稍不注意的話，可能對我們產生重大的衝擊。我們必須以戒慎恐懼的心情來面對。誰可以保證下一次不會有更大的疫情發生？但有人視為威脅的同時，我們也可以將之視為台灣轉型、重整結構的契機，讓台灣因這次的空檔，進行台灣話所說的「轉大人」，重新調整我們的體質，建立更堅實的基礎，以面對未來的任何挑戰。對比於撒錢應急，我們反而更應該保存更多的「存糧」，好好的未雨綢繆，讓危機變成轉機。

關鍵思考

趁著疫情訂單不穩、生產線閒置，讓科技大學的畢業生將教室內學到的理論，跟業界所需要的技術互相連結、印證；讓那些放無薪假的員工，可以有機會回來上班，帶領這些初入社會的新鮮人，開始走上就業的軌道，將可創造多贏的局面。這也包括了目前在科技大學教理論的老師，也可以重新進入產業，去重新了解產業的現況及未來的趨勢。政府應該要有這樣的高度和視野，把錢花在為台灣的明天做準備，這才是真正的超前部署。要善用這個空窗期，不能白白浪費了。

Chapter 2

不被非理性市場所操控

暑假非理性的釋放

我一方面對某些產業「墜崖式崩毀」感到焦慮，但另一方面，令我意想不到的是，國門未開，過去如候鳥般，追逐白雪紅葉、絕景名勝的國人，因為走不出去的窒悶、飢渴與壓力，在政府順勢強力推動國民旅遊下，又像鐘擺效應一樣，由一個極端擺盪到另一個極端，創造出另一種假性需求。

這陣子的國旅熱，便是這次波瀾最顯著的浪沫：大家可以立刻看到疫情衍生的各種亂象，什麼都流行「報復性××」，報復性旅遊、報復性消費，甚至報復性塞車……。原來往國外去的人，一瞬間全往離島或高山跑，花東擠得水洩不通，澎湖也處處是人。暑假高峰期間，根據航空站的統計，這些分別由台北、高雄、台南飛往澎湖的班機，最高紀錄已經增加到來回一百四十幾班次的高峰，真是非常驚人。

旅遊廣告強打「郵輪跳島海上假期」，強調讓遊客在這三、五天之內有出國的感覺：「搭郵輪跳島渡假去，免扛行李，玩遍澎湖、金門、馬祖，享受船上豪華設施、精緻美食，放空爽爽玩。」鼓吹的語氣不斷強調：「航次艙房有限，限量開放訂購，立即手刀搶位，體驗今夏最夯郵輪跳島之旅。」這些現象形塑出一窩蜂的搭機、搭船的「偽出國」或「微出國」風潮，有的人到了旅館還刻意只吃異國料理，回到房間也只打開NHK、CNN頻道，即使根本聽不懂，也要配合聲光效果的畫面，催眠自己置身國外。

這個「報復性××……」，仔細分析起來，正好反映出我們文化的貧瘠，「報復」什麼呢？曾經被剝奪的權利或利益，之後加倍討回來；或像挨餓過久的人，之後把整個冰箱的食物不分青紅皂白一口氣吃光？絕對的不足與絕對的暴多，這種兩極化的現象，其實是我們一直無法跳脫的災難。「報復性旅遊」讓我看到多年以來一直反覆出現的問題：「非理性的市場膨脹」。這個膨脹的動能來自於：當時正值暑假，尚有經濟能力的人，在悶得慌的情況下，一定要找宣洩的地方解放。加上旅行業者因為跨國的境外旅遊萎縮了，為了求生，於是反向對國內鼓吹旅遊，需求與供給雙雙來襲，必然產生爆炸性的消費。

這並不是首例，在兩岸開放時就曾經如此。當時全台灣上百家各地方景點的旅館一一搶著建造，想要緊抓這波陸客商機。尤其紅遍對岸的「外婆的澎湖灣」搶建旅館、急造設施、開設餐廳，瞬間讓澎湖等離島「超容量」。後來兩岸關係往來急凍，陸客瞬間縮水，離島忽然陷入慘澹經營的局面，幾乎要賤價求售。

五星級的價格，路邊攤的水準

然而疫情一來，原本出國旅遊的人，因為留在國內遊玩消費，報復式國旅熱潮宛如及時雨，教他們得到一點短暫的喘息，甚至有些花東或離島的熱門景點，還收到比平時更多的客人。其實，業者應趁疫情的商機，重新好好整頓，不要因錢潮一來，就急著要攀附另一塊浮木，必須想辦法更深刻的包裝自己，如果只是把原有的東西再丟出來，再賣一次，不僅沒有提升，反而更加粗俗，只是創造了另外一個墾丁，或是另一個士林夜市而已，然而這樣長久下去，沒有人會是贏家。

從過去到現在，我們曾經受過這麼多的教訓了，而今卻仍然看到令人悲哀的現實，台灣一直落入「超容量的假性需求」的輪迴裡，無法自拔。提供路邊攤的水準，卻收顧客五星級飯店的錢，造成「質低價高」的畸形發展，像滅頂的人為了求生，死命的抓取任何可以攀求的憑藉，這個還不是「墜崖式毀滅」，其實更深來看是「滅頂式崩毀」。

令人失望的是，業界與政府都沒能正視未來經濟將面臨長期停滯的危機，只是誘以「三倍券」鼓勵消費。甚至投入高達上千億的金錢，名為紓困，實則只是讓原有經營國際旅遊的業者，轉為與國內旅行業者競爭，分食這塊國內旅遊大餅，在沒有學習、規劃的情況下，非但沒有提升台灣本土旅遊的品質，還因政府的推波助瀾，加速了這場國旅狂潮的發生，其後衍生的各種亂象，對本來承載量有限的台灣旅遊大環境，又讓我再度憂心，我們很可能又會像歡迎陸客那般重蹈覆轍，再一次「未蒙其利，卻深受其害」。

跳出「超容量假性需求」的輪迴

之前台灣各大風景區為了大陸客而擴張，旅遊生態系統已經朝病態惡化。但凡靠政治施肥的觀光產業本來就有很大的風險，當年的陸客來台也創造很多假性需求，其中因隱含政治目的，台灣的旅遊餐飲業者等於是被掐著脖子，看別人的臉色吃飯，等到兩岸交惡，對方抽走成命，我們反而深受其害。

而這回當疫情趨緩、國旅解封之後，一下子又膨脹到比陸客滿載時更大的需求，旅遊餐飲業者其實沒有辦法消化突如其來的市場胃納，災難又開始循環。尤其離島資源本來就受限，不可能容納如此廣大的市場，即便解決住的問題，仍無法解決飲食、遊覽、生活等問題，把一大堆人送到小島上擠，只會亂象叢生。

業者應趁疫情的商機，重新好好整頓，不要因錢潮一來，就急著要攀附另外一塊浮木，必須想辦法更深刻的包裝自己，如果只是把原有的東西再丟出來，再賣一次，不僅沒有提升，反而更加粗俗。

暑假高峰期間，澎湖曾經單日湧入兩萬多名觀光客，觀光客買光了魚市場的海鮮漁獲，造成當地居民無魚可買，海鮮價格勢必直線上漲，同時變相鼓勵漁民過度捕撈；再看蘭嶼，平時三個月份量的無菌手套、縫合器械等醫材用品就已耗盡，醫療人力吃緊，若多人同時發生危急狀況，恐會耽誤就醫時程。

不僅如此，民眾也瘋往山區踏青、露營，連高山都無法倖免，合歡山武嶺、松雪樓皆出現爆滿人潮，才被國際暗天協會認證為台灣首座、亞洲第三座「暗空公園」的合歡山，原本是觀星聖地，卻因為湧入太多遊客，徹夜塞車喧嚷，淪為「明亮如白晝、嘈雜如夜市」的場所。

二〇二〇年春節和中秋節，都有人來到三千多公尺合歡山武嶺施放高空煙火、仙女棒，強光和爆炸聲對於高山動物造成衝擊，甚至將煙火盒隨便棄置在路旁，不禁讓人感慨台灣最美的風景應是「沒有人」。

若無規劃，沒有誰是贏家，將是全輸局面

可以想見，假若幸運的話，一、兩年之後，疫情全部過了，國際大門一開，政府再度解禁，大家一股腦的往國外飛去，而國內業者因為已經習慣供應現在這麼大量的旅客，又將是一次更嚴重的不平衡，潮浪一旦退去，所有炒短線取巧的作為，都將赤裸裸顯露出窘態，甚至血本無歸。

如果偏鄉高山因為非理性的市場膨脹而受害，那另一個極端便是「都會旅館倒閉潮」。在疫情禁止出國這個時間，沒有國際觀光客來台，真正受害的都是大城市裡的國際旅館，偏偏這個現象短期內也不會恢復，新冠肺炎的疫苗也還需要一段時間才可能大規模使用，那麼能夠開放國境、安全旅行又不知要待何時？

任何一家旅館，就算資金再雄厚，沒有達到五、六成以上的住房率，大概都是賠錢，而全球國際飯店從疫情開始，營收一路下滑，每天都在賠錢，住房率僅有二、三〇％上下，面臨全球性大蕭條，台灣都會區的國際旅館也與這個數字相差不遠，每個月一開門就是近幾千萬的虧損，即使有財團、有銀行在背後支撐，但

疫情再拖一年下去，恐怕很多飯店都要宣布倒閉。

大起大落，放大台灣旅遊限制

我們不得不承認，台灣是個「觀光有侷限的市場」，也必須體認到，我們有氣候無可克服的劣勢，交通也有無法突破的限制。例如，這次暑假澎湖旅遊的亂象，就很清楚放大這個限制，離島交通是靠飛機、輪船，兩者都受氣候影響，而島上的旅館民宿也有飽和容量，超過臨界點，不僅住的沒有品質，也會消耗過多海鮮。我多次提及澎湖老船長的話：「我們這裡熱天來不及載客，冬天是載不到客人。」

長久以來，我一直寫文章呼籲，澎湖要解決的是淡季問題，不是旺季問題。一到冬天，風勁沙飛，海邊無法久待，旅遊旺季時，停車場不夠、旅館不足、淡水缺乏，可是到了淡季或平日，根本空在那邊。其實，就算沒有國旅熱，離島原本就有季節性的供需失調難題，如今的國旅熱又加劇了這種兩極化的劣勢。如果政府的主事者沒有看到這些點，只想操作短效的政策討好選民，媚俗最後會讓我們付出代價。大起大落，放大了台灣旅遊限制，最終也只有「管控成長」（managing the growth）才是進步的思維。

關鍵思考

我們不得不承認，台灣是個「觀光有侷限的市場」，也必須體認到，我們有氣候無可克服的劣勢，交通也有無法突破的限制。就算沒有國旅熱，離島原本就有季節性的供需失調難題，如今的國旅熱又加劇了這種兩極化的劣勢。台灣一直落入「超容量的假性需求」的輪迴裡，如果政府的主事者沒有看到這些點，只想操作短效的政策討好選民，媚俗最後會讓我們付出代價。大起大落，放大了台灣旅遊限制，最終只有「管控成長」才是進步的思維。

Chapter

3

管控成長才能永續經營

被動的形成與主動的規劃

面對台灣島內這種暴起暴跌的市場，對於任何一個經營者來說，都是很難的事。要能管控成長，必須先區分兩個截然不同的概念：「被動的形成」和「主動的規劃」。過去十多年在偏鄉互動扎根，給我這兩種強烈的感受。這是完全不同的論述方向，以下稍作解釋：

第一、「被動的形成」：也就是沒有看到自己的特點，只看短效，只會摘取最低的果子，例如，忽然看到需求湧現，立刻隨波逐流，如心理學實驗中被現況制約的「刺激與反應」，整個情勢迫於形勢而發展，不僅沒有能展現自己最珍貴的特色，反而只是做為旅遊資源的被動提供者，直到濫用殆盡之後被遺棄。

第二、「主動的規劃」：亦即主事者有規劃、有遠見、內心有一張藍圖，清楚掌握什麼要存、什麼要廢、什麼要擋、什麼要加強，方方面面充分的考慮到才能夠有意識的「掌控成長」。

所有市場都有其極限，有它可容受的最大飽和度，從旅遊的推廣者、當地的供應者，再到當地人的生活品質，這些沒有一個不需要規劃。若是不擇手段開放，一旦超過了飽和與極限之後，便會降低品質，甚至同時提升價格，如前所述，這無異是「質低價高」式的殺雞取卵自殺行為。

放大到更宏觀的區域來看，一架飛機有多少機位、一個城市有多少飯店、房間、床組……，都有飽和容量，風景區以及旅遊景點也一樣，總量是有限的。其他還包括交通、停車場、餐飲服務品質，無一不需要規劃，而且要考量淡旺季的不同，根據自己最適的容量來平衡。但是，我們的都市規劃者、掌握決策的人，卻忘了或是忽略不計，從來都沒有正視問題，甚至不認為以上所有這些面向都是有限的，業者更期待生意愈多愈好，這種心態才是最大的危機。英文有句名言：「managing the growth」，亦即面對市場必須要懂得「管控成長」，不合理的成長絕對不是好現象，反而是警訊。

「不老部落」堅持管控成長，細水長流

位於宜蘭縣寒溪村的不老部落是個值得借鑑的例子，即使經營這麼多年，聲名遠播，但他們全村都沒有被利益沖昏頭，或想方設法賺更多錢，即使在旺季日日客滿的情況下，他們最多還是只收納三十位來客，再怎麼關說、求情，也只有三十個人。同時他們也慢慢改變遊客的習慣，配合部落最好、最適宜的供給，不會妥協勉強自己，拚命搶客，把自己做爛。

總量管制好之後，村民剩餘的時間及精力可以專心致志維繫自己原住民的傳統

所有市場都有其極限，有它可容受的最大飽和度，從旅遊的推廣者、當地的供應者，再到當地人的生活品質，沒有一個不需要規劃。面對市場必須要懂得「管控成長」，不合理的成長絕對不是好現象，反而是警訊。

文化，或是安排子女去念原根職校，復育地方生態等等。這是一種清明的堅持，因此不老部落可以不受任何疫情、淡旺季影響，持恆永續的發展，永遠不愁客源。相反的，我同時心痛的看到很多地方，能做的竟然只是最容易走的短視近利，跳不開「暴飲暴食」、「質低價高」的循環，永遠學不到教訓。

這幾年我在長濱，看到了一家名叫「分手巧克力」的民宿。它座落於極靠海的邊緣地區，從公路望去，因地勢低，隱身在芒草裡，外人根本看不到，有種與世隔絕的抽離感。業主是陶藝家高小姐，將民宿取名為「分手巧克力」其實別有用心，希望旅客一個人來這裡小住幾天，讓自己跟情人分手、跟工作分手、跟過去分手，體驗與日常舊事分手的孤獨感。走入裡面，清一色單人床、單人沙發、單人小廚具。空間用色大膽，深藍的木地板配上暗紅的窗簾與沙發，浴室或小廚房則將過火磚與磨石子櫃體檯面運用自如，有種室內外交錯延伸與厚實的穩定感，平衡了空間中許多斜角、斜牆的不穩定張力。

全部民宿僅有五個房間，每一間都面對大海，這種空間安排是希望旅客享受一個人獨處的時光。房間裡可以聽到海聲，如果颱風來時更好，可以在面對太平洋

隱身在芒草裡的民宿分手巧克力，它的每一間房間都是單人房，並且面對大海，這樣特殊的設計，即是希望旅客享受獨處的時光，過上幾天屬於自己的日子，讓心靈得以放鬆、沉澱。

的屋內或到小陽台近觀滔天大浪，感受那種海浪洶湧的衝擊與震撼。一個人面對大海時，往往也是與自我對話的時候。

這種新型態獨創的經營模式，印證我一直主張的，台東不需要「阿曼」。阿曼飯店一次要開四十間 Villa 的量體，需要四百位人員提供貼身服務，台東沒有這麼大片的土地，也沒有這麼多可以招攬的員工。相對的，「分手巧克力」只要一位管家就足夠，旅人來了，鑰匙交給他，提供隔天簡單的食物外，附近就有小店可以採買簡單的生活用品，過上幾天屬於自己的日子，這即是一種新的生活哲學。

有了以上的啟發，近來我跟長濱民宿夥伴聚會，想建議業者將來可以更自信大膽對部分旅客要求：盡量不接待一日住宿客，並為了環保，對住兩天的旅客提供不換床單的建議，若住三天還可進一步提供優惠。讓旅客了解來我這裡必須慢慢玩，如果匆匆來去，第二天一早就走，不但感覺不到當地的精采，下次也不會再來。可以先從鼓勵開始，讓大家體認到這是個好方式。

例如，近年來歐洲許多地方正在推行「小鎮文化」，一方面對應於小鎮人口數，進行總量控管，一方面要求外來客慢遊，建立一定的指標，達標者可以獲得認證，而很多有心人反而刻意避開熱門的旅遊景點，鍾情於尋找這樣的城鎮。

所以我一再強調「管控成長」，期待旅客飛來一趟就要多待幾天，因為要多待幾天，業者要學習更多功課，懂得經營與包裝，若旅客只去一些拍照打卡地點，到此一遊而已，下回他們也不會再來了。而且不只是旺季，而是四季都必須運用到這個優勢，也就是不能只有第一階段的客人，而要深耕文化，留住第二期、甚至第三期的客人。

開發第二、第三代的旅遊

十二年前，我在《我所看見的未來》一書裡，特別分析三種觀光型態：第一代的觀光是「走馬看花」型，脫離不開「吃、看、玩、買」四個字。這也是最初階、最普遍的觀光入門模式，台灣很多地方旅遊團招來的顧客都是如此，力求在最短的時間內去最多的地方，來去匆匆，有如「趕集」，這種走馬看花式的第一代旅遊方式已經不符合台灣未來的發展。

第二代的觀光是深度旅遊，遊客會找喜歡的地方或主題定點旅遊。例如，京都、北海道、吳哥窟、南法以及建築之旅等，一次只去一個區域，細水長流。或如台東的東河鄉已經變成國際衝浪中心，尤其冬季反而是浪高風勁的旺季，每年都吸引不少日本、歐美的逐浪人前來。附近也開起好幾家租用浪板、保暖衣、教人衝浪的衝浪店和民宿。

第三代的觀光是反璞歸真式的「無期無為」，也就是不期待做什麼，也不準備做什麼，只是「go somewhere to do nothing」。許多外國人（也包括國內的旅客）會到一個地方追求心靈沉澱。無論是在國內或是去國外，只看風景、閱讀、休息、做ＳＰＡ，一週後離開。這類旅客他們只想離開煩悶的環境，找個完全放鬆的地方渡假。

我認為台灣今天若還停留在經營第一代的觀光，成功的機率不高。例如，大陸觀光客來台灣，看到阿里山可能會說：「我們黃山更好看」；看到日月潭可能會說：「這比不上我們的千島湖」。以觀光而言，台灣沒有了不起的優勢，雖然中國一直宣傳台灣是寶島，但那些是政治語言，我們要了解，我們的「寶」不在於我

「無期無為」的旅遊就是不期待做什麼，也不準備做什麼，到一個地方只為放鬆心靈，或看書，或休息，一週後離開，而台灣花東即有這樣的地理條件。照片為金剛山腳下的台東長濱鄉。（照片提供：鄭天儀）

們的高山、大海、大川，真要拿黃山、大漠、九寨溝比較，我們的景觀並非無可取代，而且台灣夏天有颱風，冬天有東北季風，不像常年熱帶的泰國、印尼等東南亞國家，我們真正的價值反而在於文化與文明。

值得注意的是，觀光客是有不同階段的，不管他們來自哪個國家，都有這三種不同層次的客人。而我們如今每逢連假的國旅熱，最後也頂多停留在第一階段或第二階段的觀光層次。我們要盡量往第三層次提升，讓旅客留得久、玩得深，創造無可比擬的體驗。而現在我們的地方政府卻是反其道而行，愈是夏天，愈是搶辦活動，讓遊客都擠在同一個地方，同時也排擠了想要做第二、第三階段深度旅遊的有心人。

以兩岸觀光為戒，錯失改變大陸的機會

現在旁觀這波國旅熱，我又想起了十多年前的兩岸開放觀光之初的往事。二〇〇八年，政府開放陸客觀光，多方寄予厚望，一直被視為是提升台灣旅遊業景

氣的「靈丹妙藥」，政府和業者帶頭齊喊：「兩岸開放！」媒體也跟著推波助瀾，連接拍攝遊覽車司機、夜市店家、旅館老闆，他們笑逐顏開，眾口一致的宣示：「我們準備好了！」

當時大家都有種錯覺，認為這是未來發展的趨勢，只有我這隻烏鴉甘冒不諱，一直勸說：「我們根本沒有準備好。」這不是唱衰自己，而是我不贊成以振興經濟、賺陸客錢為訴求，開放大陸觀光。從一個錯誤的出發點開始，可以預期將來的結果也不會太令人樂觀。自然這番逆耳之言，非常不夠「政治正確」，以致當時我遭到很多人批評、攻訐，抨擊我不知民間疾苦，背後插滿各方暗箭。

如今十二年過去了，當初我所預感的惡兆，不幸一一言中。而我個人最大的遺

觀光客是有不同階段的，不管他們來自哪個國家，都有這三種不同層次的客人。我們要盡量往第三層次提升，讓旅客留得久、玩得深，創造無可比擬的體驗。

憾是：我們平白錯失一個改變大陸的難得契機。回想過去，曾經在那樣一個時代，我一直有信心，當時台灣可以用文明的各種力量，有機會改變正在快速成長的大陸，也曾經馬不停蹄的到台灣的每一個角落去演講，大聲呼籲台灣人民，不管你的主張是什麼，我們都有一個共同的使命，那就是展現台灣是個文明社會，用我們的熱情與自信，讓大陸朋友看到一個成熟「自由」與「文明」社會的風範，讓他們感動著回去。或許那才是改變一個正在成長中巨獸的微風，從韓寒所寫的〈太平洋的風〉就可以知道。

但是，我們卻沒有邀請到對的客人，也就是能夠欣賞和理解文明涵養的「關鍵影響力人物」。以致於當這些人喧囂吵鬧來到素仰多時的阿里山、日月潭或澎湖灣，反而覺得台灣山不夠高、水不夠壯、樓不夠高、房子不夠新，全都不夠「進步」，甚而嫌棄了起來。台灣沒有他們原先所想像的那麼好看、好玩，短暫蜜月期之後，留下一種「相見不如不見」的失落感。

喧譁熱鬧的大陸觀光客是來了，卻變成台灣人不理解他們，他們也反過來嫌棄我們，一種雙輸的局面。

尋找優勢，透過包裝發揮關鍵影響力

開放兩岸觀光這樣劃時代的大工程，如果一開始就不是用這個角度，不是一次把所有的人都帶進來，而是慎選關鍵影響力的人物，包括知識份子、政策的規劃者、作家、文化人、記者、部落客。這些人不僅有一定的國際觀、觀察力，眼界也夠高，懂得欣賞台灣的內蘊，他們眼裡看到的將不會只是高樓大廈或風景名勝這些表象的東西，而是我們淬鍊出來的「軟實力」：生活的品味、文明態度、自由民主的環境、多元有活力的文化表現、互相尊重的精神文明。

關鍵影響力的人物不僅有一定的國際觀、觀察力，眼界也夠高，懂得欣賞台灣的內蘊，他們眼裡看到的是我們淬鍊出來的生活品味、文明態度、自由民主的環境、多元有活力的文化表現、互相尊重的精神文明。

如果我們把握當時的機會向陸客證明，一個社會不只是要走過經濟發展、致富、軍事強大，還有更多的功課要完成。希望他們更了解文化的價值，並且反思，為什麼同樣源自華人，享有共同的文化母源、共同的文字語言，台灣可以發展出如此自由、民主以及文明的生活方式，在心裡驚嘆著：「台灣最美的風景是人。」

是的，拋開政治議題，我們大家都有共同的使命：「要讓每一個來自大陸的朋友，最終能感動著回去。」但很遺憾的，我們沒有把握機會，平白失去了讓大陸認識台灣真正價值的機會。回過頭看我們自己的優勢在哪裡：我一直強調「文化是最大的價值（加值）」，如果我們不再以文化及文明做為我們旅遊的背景，我們僅有的一點優勢也將很快消耗殆盡。

延伸思考

我旅行業的一位老朋友，算是年輕的一代，他深耕旅遊業快要四十年了，因疫情來了一趟花東，至今才知曉花東的美好，並且突然發現原來地方創生、文化、藝術才是觀光應該密切結合的領域。帶著滿滿的感動回家後，他和我有了以下的對話：

我：真的非常高興能夠在台東與你相會，老友重逢分外欣喜，是的，一轉眼我從亞都總裁退下來至今已經十一年，而且生命居然如此充實。我們以後保持聯絡，或許在公益的路上又會重逢。

友人：我接待日本旅客來台灣旅遊三十七年了，卻因為這次疫情，使我體會到旅遊應該和地方創生、文化和藝術密切結合。

我：永遠不會太晚，十二年前我在《我所看見的未來》這本書上第一章就說：「文化是最大的加值！」

因為這次疫情無論從業者到旅客，甚至是政府，都應該在憂心焦躁的初期更淡定的深思因應之道，把心情放慢、速度放緩，不再用走馬看花的心情，深度細品台灣每一個角落，或許當疫情真正過後，我們的社會就會產生另一種心境，讓台灣的觀光業也趁機「轉大人」，更趨於成熟與文明。

第二部

Part 2

建立生活的文明

「文化與文明」是需要時間積累的，
不是只有表象的模仿，
慶典活動、吃飯穿衣只是第一層，
最終底層要有一個強固的內核，
而「文明」最終是從內心發起的，
根本來說就是「塑之於內，而形之於外」。

Chapter 4

彈性假的硬傷與年假的失落

「補班補課」意義何在？

第一部提及的國旅亂象，「交通」問題是最多人詬病的一大重點。最大反彈發生在二〇二〇年六月端午節連假的第一天。雪山隧道大塞車，時速低於四十公里的時間長達三十四個小時，台北到台東得花掉至少十四小時才能到達，耗掉一整個玩樂的白天，引發大家一片淩厲的抱怨，把罪都怪到政府頭上。

儘管大家都以為出遊塞車是公路管控的問題，但從以前到現在，我從頭到尾都主張：塞車的確是事實，但問題不在公路，而是湊假期及休假時間安排的問題。如果從民間到政府全國上下有志一同的把「週末」、「節慶」（多年生活文化累積出的特定節日）與「年休」（公司每年給予員工的特別休假）三者混淆，未深究其意，分不清楚週末、年休與傳統節慶三者的差異，即使我們將更多土地挪出來建造公路，也無法解除大家塞在路上、罵政府的窘境，整個社會也離文明社會還有一段距離，當然也沒有生活品質可言。

每年行政院公布次年度行事曆時，大家關注的焦點多為明年將會有幾次「連續假期」，這似乎已是一種「國民幸福指數」（Gross National Happiness；GNH），連假愈多，人民就愈感到幸福快樂。打開二〇二〇年的行事曆，全國總假日達到一百一十五天，三天以上的連續假期共有六個，當中包括農曆除夕的春節七天連假、二二八和平紀念日（三天）、清明節（四天）、端午節（四天）、中秋節（四天）以及國慶日（三天），其中就有三次因為彈性放假，需要補班補課。

「彈性放假」始於二〇〇六年中秋節假期，實施至今已經十四、五年了，但少有人深思：為何政府可以僅憑行政命令，即規定人民應該休哪一天？又必須於哪一天補假？而這類週六預先補上班、上學真正的意義又在哪裡？

週末是工作短暫的喘息

五天工作制，又稱週休二日制，從九〇年初，由新竹科學園區的公司率先採行，一九九八年一月一日起，全台灣也開始施行隔週週休二日，試行兩年之後，於二〇〇一年全面實施週休二日。

勞動工時的高低與休假天數的多寡，已是世界大部分國家公認的生活品質指標之一。早年經濟起飛時期，台灣的產業多為勞力密集、加工出口暢旺，大家肯拚敢做，幾乎全年無休的貢獻給經濟成長；之後台灣產業轉型，國民年所得逐漸提高，對於休憩有更高的要求，於是休假由原本的一天，變成一天半，但是為了半天的工作仍舊要趕上班，耗費許多交通時間，在實施多年後發覺效果並不好，最後也改為週休兩天，這也表示了在工業社會忙碌的工作壓力下，工作五天必須要有兩天讓員工放空休息。

週休兩天是工作五天之後，一個調節壓力、暫時喘息的機會。過去西方因為有宗教背景，他們利用週末這段時間上教堂，追求信仰，洗滌罪愆，安定靈魂，為未來的日子儲備更多的精力與能量。我們則可以利用這兩天，放鬆心情與家人親子團聚、整理家務、休閒健身，或追求嗜好、興趣等等，因為時間不算長，比較適合近距離的社區遊憩活動，簡單說，週末是讓大家在忙碌的工業社會中，工作與工作之間，身體與心情重新整理的修復期。

彈性放假打亂了生活節奏

然而，政府推動「彈性放假」政策之後，硬性規定了但凡國定假日遇到週二或週四，一律實施彈性放假，並在前一個週六進行補班補課，其目的一方面是希望透過連續假期刺激國內消費，帶動經濟成長，另一方面也認為這是一種便民措施，方便大家可以更有計畫的安排時間較長的活動。不過，這樣的考量也同時會帶來一些負面作用。

雖然也有人認為「有假期才能安排旅遊」，但是補班補課的那一週，週末由兩天縮短為一天，等於犧牲了上班族或學生一天的休息節奏，造成學生可能無心讀書，上班族也無心做事。效率打折扣之外，休息不足，反而會把原本生活的「運作規律」完全打亂，當然這種看法見仁見智，有些人喜歡，也有些人反對，認為彈性放假反而打破了生活節奏，發出負面聲音：「不喜歡這種硬要湊連假」、「覺得強迫這樣休假沒意義」、「其實放假的一致量化感是錯誤的」、「彈性就讓各公司自己彈性就好，政府硬性規定到底哪裡彈性了」；更有人直言：「連上六天班整個厭世，感到超煩」……。

然而，連假所造成的負面影響是，當我們硬要把假期湊成三、四天，很容易誤導大家認為機不可失，爭相出遊，這也是每逢連假，各大公路及景點必定塞車、人潮擁擠的原因，在這個網路資訊如此發達的年代，再美好、再人煙罕至的祕境、私人景點、世外桃源的野溪，到頭來還是會出現滿坑滿谷的人。最後大家也只能乘興而去，敗興而歸，「走馬看花」的到此一遊。

「彈性放假」不僅打破日常生活的節奏，也喪失了原始對節慶或紀念日背後的文化意涵，而假期人潮也勢必成為避不開的壓力。到處擁擠不堪，無法停車就指責停車場不足，塞車則罵道路不夠，但是，連假結束熱鬧之後，多數空曠閒置，這種對設施短暫性需求的「暴飲暴食」式消耗，卻成為公共建設真正浪費的投資。

「彈性放假」不僅打破日常生活的節奏，也喪失了原始對節慶或紀念日背後的文化意涵，而假期人潮也勢必成為避不開的壓力。

不僅如此，連假也產生這樣的後遺症：滿懷期待出遊，三、四天卻都塞在路上和景點，疲累遊玩之後，隔天的學習與工作只能帶著深重的疲憊，完全沒有達到休息的目的。執迷於追求彈性放假，可說是對休閒及生活文明認識不清。很少有人思考它對社會、文化的長期影響，嚴格來看，此舉甚至嚴重誤解了週末的休息，以及節慶與特殊紀念日的真正意義。這個問題一時間還無法得到解方，也只能經過時間的淬鍊，看看是否能夠得到大家的共鳴。

「年假」的迷思

在所有的連假之中，又以農曆春節穩居所有假期之王。現在台灣農曆年假多半是七天起跳，多的甚至高達九天，然而，現在台灣交通四通八達，真的需要像以前一樣，放那麼長的假，營造過年回家要坐十幾個小時車程返鄉的感覺嗎？似乎已經不需如此了。

所以，原來因應農業社會交通不便及春節家庭團圓的意義，似乎已經消失殆盡，取而代之的是，年假成了另一種長途旅行的新風氣，以前那種遊子歸鄉、全家團聚、發紅包、祭拜祖先早已逐漸式微，反而因為大家一窩蜂出國往外跑，與親人的距離愈來愈遠，對比大陸「春運」返鄉的恐怖人潮，我們正好相反，不回家鄉、飛奔他鄉的人已有愈來愈多的趨勢了。

流風所及，每一年大家都爭相針對這些長假，找旅館、訂機票、排行程，立刻要將這些假期填滿、填好，然而，當大家都選擇在同一個時段出遠門，看起來很美好，但人擠人，其實反而更疲累。

執迷於追求彈性放假，可說是對休閒及生活文明認識不清。很少有人思考它對社會、文化的長期影響，嚴格來看，此舉甚至嚴重誤解了週末的休息，以及節慶與特殊紀念日的真正意義。

另外一個副作用則是，我們整體社會似乎養成了一種心理習慣，好像沒有過完農曆年，歲末就還沒有到來，當然新的一年也還沒有正式開始。然而，我們若是能放大視野來看，當全世界過了西曆的一月一日，隔天就開始整頓心情，自動重開機，啟動全新的一年，準備全力衝刺。然而，生活在台灣的我們卻還盼望農曆新年愈久愈好，甚至非得等到元宵節過完之後，才願意接受新的一年要開始。換言之，我們足足比全世界要慢了近兩個月起步，這暗示著我們心態上仍然守在農業社會中。

過去很長一段時間，我們的科技產業位於世界產業鏈中領先的優勢地位，生產基地在台灣，其他地區的買家要牽就、配合我們，等到我們放完年假，大家回到工作崗位，產量才會整個提升上來。因此，買家若要對我方下訂單時，要不就要提前，要不就延後。但在全球化的現在，假如印度、印尼、越南追趕上來，甚至非洲等國都崛起了，他們就可以趁空搶單接手生產，全球買家就不會再牽就台灣或大陸。於是無形中，當這些國家有能力時，將成為我們的競爭者，而年假延宕就成為我們產業的絆腳石。

這不是我杞人憂天，有媒體在二〇二〇年十月底就報導了，越南北江省曾經是全越南最窮的地區之一，但在這波中美貿易戰和疫情導致的供應鏈轉移浪潮中，不僅外資年年倍增，工廠也一間間蓋，讓該地區十年內每人平均所得成長了將近四倍。這裡原本盛產稻米、荔枝、家禽為主，四、五年前開始，外資挹注該地區的金額年年激增，二〇二〇年出口預測金額也將達到一百億美元，是六年前的十倍。

而比起台灣，越南整體的勞工成本低廉，加上越南政府積極擴建基礎設施，並且大力鼓勵外資，各大跨國企業紛紛在此投資設廠，如全世界最大的 AirPods 製造商立訊大樓旁正在興建員工宿舍，之後應蘋果公司擴產的要求，也將雇用兩萬名員工；而韓國三星所有的智慧型手機幾乎一半都是在越南北部生產；目前所知為蘋果公司組裝的台商代工大廠，也都紛紛計劃近年投資越南，這些都是明顯的警訊。

我們正面臨兩種局面，一方面我們在喪失、淡忘農曆年節的各種傳統，另一方面，我們也沒有趕上國際新年的工商開機節奏。年假休得如此長，政府原來希望便民的善意，卻無形中可能成為國家效率不彰，競爭力流失的肇因。因此，我們是否有必要重新思考年假的意義，以及是否要繼續像現在這樣硬湊年假的制度？

關鍵思考

週末是讓大家在忙碌的工業社會中，工作與工作之間，身體與心情重新整理的修復期。然而，連假所造成的負面影響是，當我們硬要把假期湊成三、四天，很容易誤導大家認為機不可失，爭相出遊，這也是每逢連假，各大公路及景點必定塞車、人潮擁擠的原因。疲累遊玩之後，隔天的學習與工作只能帶著深重的疲憊，完全沒有達到休息的目的。我們正面臨兩種局面，一方面我們在喪失、淡忘農曆年節的各種傳統，另一方面，我們也沒有趕上國際新年的工商開機節奏。年假休得如此長，政府原來希望便民的善意，卻無形中可能成為國家效率不彰，競爭力流失的肇因。因此，我們是否有必要重新思考年假的意義，以及是否要繼續像現在這樣硬湊年假的制度？有待社會邁向新階段的生活文明時，重新思考。

Chapter 5

留住集體文化記憶——傳統慶典的意義

二〇二〇年中秋節有某個地方舉辦「萬人封街烤肉活動」，群聚各社區大樓，約近五百戶參加，地方人士表示，疫情期間住戶們實在「悶壞了」，二〇二〇年報名的人數高達一萬人，比往年人數多了許多。

當天下午不到四點，就有民眾在馬路、停車場、人行道上擺桌椅、架帳篷，迫不及待開始烤肉。媒體也以一種湊熱鬧的誇大語氣報導，沒有人感覺到這其中有任何不妥，反而其樂融融、賓主盡歡，縣市首長們更以此做為政績和親民的表現。

可是，看到這樣的畫面，我卻有些憂心，照理說我們是文明的社會，原本中秋節從古人舉杯望月、吟詩作樂，到後來家庭團圓，全家人在月下剝柚子、吃月餅、品香片、聊家常，享受「天涯共此時」的感動，甚至吟幾首古詩，做幾首新詩，月升月落之間，留下屬於大家共同的傳承與回憶。然而，不知曾幾何時，中秋節開始流行起烤肉大會，變成完全沒有文化意義的ＢＢＱ。當一排油亮的肉片放在烤爐上滋滋作響，煙霧迷漫之際，哪來閒逸的心思賞月？就算你堅持不烤肉，但左鄰右舍吵嚷喊叫，油煙肉香不斷的轟炸你的感官，原本想要清幽的心也無形中變得焦慮起來。

台灣的節慶曾幾何時忘卻了原有的文化意涵，這絕對是文明的一大隱憂。如果我們連自己的重要節日都過得如此粗糙，即使政府一再撒錢補助觀光業，不了解整個觀光文明重要的內涵，沒有遠見以長遠的規劃看待，也只是飲鴆止渴。

傳統節日慶典逐漸式微

前一章討論了平時週休二日的意義，這一章中我想要分享傳統節日，如元宵節、中秋節、清明節、端午節，在我們生活中所賦予的獨特意義。這些特殊慶典節日原本是長年生活、文化、節氣積累而來的，帶有文化傳承、社會凝聚、安頓個體於宇宙中的共同體意識。換言之，曆法提供我們共同生活的「時間框架」；傳統節慶給予我們共同記憶的「文化框架」。我們平時需要週休兩日的生活節奏，更需要有傳統祭典、節慶，標定出我們的文化身分，讓我們知曉我們從何而來，又隸屬於何處。

這些傳統節日及慶典，理想上，是整個社會的公共財，站在旅遊觀光的角度，更是現成的豐盛資源。元宵節是一年當中第一個月圓之夜，也是一元復始，大地回春的夜晚。以前父母教孩子用竹子糊出紙燈籠，一起遊街提燈籠、猜燈謎、炸邯鄲，甚至是參加令人震撼的蜂炮陣頭。

台灣大約是在一九九〇年開始舉辦第一屆台北燈會，藉由燈會，觀光局推廣燈藝及民俗活動，頗受各界好評。在我接任觀光協會會長之後，也同時兼任了燈會的主任委員，可是我一度主張中央只要做出示範，之後只要鼓勵各鄉鎮各自發揮地方特色，沒想到之後卻變成各縣市地方首長為爭取補助，累積自己政績的機會，隨著競相舉辦，逐漸演變為重複性過高的大拜拜，慢慢失去原本的特色。

元宵節其實可以不要放煙火，創造人潮，而是注入更多每個地方的在地文化。我甚至曾建議文化相關單位，可以藉此節慶舉辦「元宵傳統服裝節日」，鼓勵大家這一晚穿出自己的傳統服飾，從各族群服飾到國際友人的家鄉服裝，讓父母帶著孩子以小鎮為中心，一起提燈籠遊行，展示出不同族群的提燈文化。既可以延續傳統技藝，保有原來的文化底蘊，同時也能製造尊重及昇華不同族群文化交流與展示的機會。

但是，如今地方政府撥大筆錢，委外製作動輒上萬個燈泡式燈籠，許多民眾一窩蜂排隊搶領，完全喪失了以前自己動手做燈籠的樂趣和親子互動的文化意涵。燈會最後高潮也往往只是大放煙火熱鬧一場。然而，隨著空中煙火的轉瞬而逝，以及一次性燈籠用後即棄，除了留下喧嚷的人潮與滿地的垃圾之外，文化的細節與內涵也被毫不留情的拋開了。

此外，清明時節雨紛紛，是大家出門掃墓，追懷先祖的日子。清明節要包潤餅，美食家韓良露曾經為文寫道，吃潤餅風俗大致存在泉州府各地與廈門，「潤餅中包含的材料也特別豐富，彷彿正記錄著閩南海上絲路的食材貿易史的清單。」她更舉辦過春天潤餅文化節，介紹各地不同的潤餅，有廈門式的潤餅，有加了皇帝豆和白糖的台南潤餅，以及要用糯米油飯壓底的福建同安潤餅，而來自泉州的南管音樂家王心心則說：「不包蚵仔煎，就不像吃潤餅。」

吃潤餅的日子各地也不同，常見於清明節中午吃潤餅，可掃墓時吃，也可掃完墓回家吃。但同安人會選在農曆三月三日吃潤餅，有人說三月三日是同安人紀念在元代被元人大屠殺的日子。所以，一個節日同時蘊含了食材的養料，也有傳統的典故，更包涵了思鄉情懷。

當然，端午節充滿團隊運動精神的龍舟競賽和發揮各種族群美食創意活動的包粽習俗，也是屬於將傳統文化變成現代民俗節慶非常有意義的活動。如今，我們看到年假、元宵、端午、中秋等傳統節日的文化內涵逐漸式微以外，也變成政府湊長假的好時機。對大部分的人而言，最關心的可能只有連假可以放幾天？可以到哪裡玩？原來深具傳統文化意義的節慶活動，已經漸漸失去了原有的風采。

從另外一個角度來說，我們也過西洋情人節、白色情人節、中國七夕情人節，每年都有好幾次表明愛意的時刻，其實真正的情人，每天都是情人節。然而，透過商業機制炒作出的玫瑰花、黑巧克力、白巧克力，卻也少了真正的甜蜜。這樣熱鬧浮華的節慶，過得再多次，都不足以令人感動，反而給我最深的感觸是：我們將自己的傳統文化一一斷送。討論到傳統節慶，年輕人已經變得無知無感，做為大人的我們又豈能怪罪他們呢？

這是我們文化教育的缺失，摧毀了自己珍貴的傳統。也難怪前一段時間韓國要把我們中華的節慶變成他們的文化資產。但我始終認為：中華文化本來就是我們兩岸共同擁有的文化資產，傳承中華文化的台灣，更要把握對文化的詮釋權。

傳統與現代可以共榮、共融

對比於台灣的情況，我們看鄰國日本，十九世紀末期，日本藉明治維新得以走向現代化，但同時千年廟宇、季節慶典，從飲食到穿著住居，各式各樣有形、無形的文化財，都維持得非常出色，其講究重視的程度亦舉世聞名。這教我們不由得深思：「為什麼日本的節慶可以保持如此深厚的文化底蘊？傳統與現代可以共榮、共融，不需要丟失傳統？」

其實這當中有很多的文化衝突及陣痛，最後才產生今天我們看到的結果。日本吸收外國文化的能力堪稱一絕，早在十七世紀，日本還處於江戶幕府的鎖國時期，荷蘭人即已獲准在長崎通商，甚至吹起了一股「蘭學」風，有識之士競相向荷蘭學習，成為西化的始源之一。日本的「焼き鳥」（yakitori）據說是荷蘭帶到日本的，慢慢演變而成串燒料理，印尼和日本似乎都有著荷蘭影響的痕跡，只是沾醬不同而已。

當西元一八五三年，日本因美國黑船事件打開國門之後，見識到西方工業化國家的強大與物質文明，開始為自己的落後感到羞恥，於是放下自尊心，全面向西洋學習。之後日本開始以西曆取代農曆，以元旦取代春節，天皇更帶頭吃起牛肉，官員們也穿上燕尾服。美髮館生意開始忙碌起來，男人剪掉髮髻，換成西式短髮，以致於連打油詩都這樣形容：「敲敲短髮蓬鬆的天靈蓋，文明開化的聲音就響起來。」徹底西化到連當時的李鴻章都取笑日本：「你們幹麼穿猴子裝？」

日本人在銀座建起了西化一條街，仿照歐美街道，蓋起兩層樓的洋式磚瓦房，街道上鋪軌的電車往來穿梭，夜幕降臨之際，媒氣燈一盞一盞的亮起，整個日本耳目一新，連日語中也愈來愈多外來語，如プラザ（廣場，源自西班牙語plaza）、アルバイト（打工兼差，源自德語Arbeit）、リュックサック（背包，源自德語Rucksack），アンケート（問卷調查，源自法文enquête）等。

甚至有人提出，日本人應該「脫亞入歐」，改說英語，拋棄日本文字系統，與西洋人通婚，以改良日本基因……。這不顧一切的向西洋學習，不可避免的引發了現代文明與本土傳統的激烈衝突，而種種過火的西化行為，使得日本的傳統文化險些崩潰，現代化的經濟改革也帶來了社會不公，激化了社會矛盾。

根據史冊深入的探討，明治維新元老伊藤博文就任首屆內閣總理大臣之後，很快遇到了棘手事件，明治政府明令禁止相撲，理由是「近乎裸體，笨重、醜陋而愚昧」，兩位大力士光著上身，穿著丁字褲，近乎裸體公開搏鬥，在西化派人士眼中可說極為不雅難堪。然而，一位名叫高砂的相撲高手開始挑戰政府禁令，在東京舉辦公開表演，支持的民眾和前來維持秩序的警察相持不下。為了避免對抗升級，天皇不得不親自舉辦相撲表演，回復了這項運動。伊藤博文也不得不仔細思考國家的發展方向和改革方式，西風東漸，睜眼看世界的日本民眾開始主張自己的權利，一場大規模的、持久的自由民權運動在日本社會各階層於焉展開。

一八八九年，日本帝國頒布憲法，其中伊藤博文刻意保留天皇信仰，藉此化解日益尖銳的社會矛盾。於是，日本經濟快速發展的同時，極端西化的做法也被遏止，變成日洋調和的現象：西服流行的同時，和服也被當做最華麗的禮服保留下來；雖然酒吧多了起來，但茶室依然是根本的精神淨地；西洋歌劇開始唱響，能劇歌舞伎更走向極致；油畫開始炫麗奪目，但浮世繪同時也從此成為世界繪畫的一大流派。

有學者指出，日本文化像洋蔥一樣，一層層剝下來，最後想要找出日本文化的核，卻不存在，因為每一片都有外來文化的意象。如今我們都可以看到，日本愛侶在結婚儀式中，一方面在證婚典禮上穿著西式的「晨禮服」，但在送客時，又穿回日本傳統極致美麗的和服。「晨禮服」這種後有一片長布的西裝，如今就連現今的西方人都已淘汰不穿，但是我們看到，二〇二〇年日本新任首相菅義偉在皇居舉行首相親任儀式時，所有政要全都穿著這種「晨禮服」，以示隆重顯赫。

西洋與日本可以水乳交融，並行無違，成為大家都共同規約養成的隱形「行為文法」，相應承襲也變成一項新傳統（至於日本如何因為現代化之後，餵養出軍國主義，侵略他國，後面章節將會提到）。因而日本很多祭典動輒延續兩、三百年，在節慶時一定穿上自己的傳統服裝，從東京的神田祭、京都的祇園祭以及大阪的天神祭、櫻花祭、花火節，甚至各地方的裸祭，年輕人都會驕傲的穿上傳統和服、浴衣或丁字褲，展現節慶與人文歷史的豐富關聯。相撲也從傳統的神道儀式躍升為日本「國技」，成為一種民族標誌與觀光亮點。

日本人在享受高科技的現代生活，也同時浸染在傳統節日的氣氛中，得到一種文化的調節與情感的抒發。對比台灣漸漸失去的文化，相形之下，不禁令人感到極大的失落。

了解西方節日慶典活動的文化意涵

再從西方審視他們的重要紀念日或慶典來看，例如，大英國協的國家每年十一月十一日是他們的「國殤日」(Remembrance Day)，當天十一時，每個人都會別著紅色的虞美人花，或在皇家禮炮聲中，或在教堂鐘聲迴盪中，停下所有工作，靜默兩分鐘紀念。但不知何故，這麼一個嚴肅的日子，近年到了中國大陸，卻成為電商鼓動欲望、瘋狂購物的「光棍節」，完全改寫它的意義。

而美國則有陣亡將士紀念日（Memorial Day，原名紀念日或悼念日，或國殤紀念日），這個節日起源於一八六八年五月三十日，一九七一年開始，美國政府明定五月的最後一個星期一為國定節日，悼念在各戰爭中陣亡的美軍官兵。一百五十多年前，美國南北戰爭中，無數將士在戰火中陣亡。戰爭結束，南部許多家庭開始祭奠戰爭中陣亡的將士。他們不分南北，在春天向雙方死者的墓地獻上鮮花，北方人為此深受感動，將這一舉動視為民族團結的象徵。每逢這一天，美國現役軍人和老戰士都會穿上過去配滿勳章的戎裝，參加盛大的遊行。而在陣亡將士墓地，則有禮兵鳴槍向陣亡將士致意，吹響軍中熄燈號，讓死難將士安息。這固定三天的連假，也成為聖誕節、感恩節之外，美國重要的節日。

即使不是所有人都一定會參加紀念活動，但幾乎所有的人，以及電視台主持人，都會配上絲帶或紙做的紅色虞美人花（而且必須出錢購買，做為照顧因戰爭傷亡及退伍軍人的基金），紀念這個神聖的日子。

在現今全球化的年代，我們很難不受西方影響，雖然我們也舉辦萬聖節、聖誕節、感恩節這些熱鬧的活動，但是抽掉背後的社會脈絡及文化底蘊，也只有表淺層次的仿效，在追逐潮流、喧譁一場之後，忘卻節慶本來貼近人性本質、凝聚家人情感的意義。

塑之於內，形之於外

從西方節慶的外在熱鬧模仿，我們再從生活文明出發，觀察他們的生活細節，如國際飲食的基本禮節，就知道我們在國際化上還有很大的進步空間。

例如，西方人宴客，主人一定精心策劃，早早就慎重其事寄發請帖，說明宴會型態、穿著風格、座位安排等等。而被邀請的客人（尤其在自宅）必定會準備禮物，雖說是「禮物」，但不是什麼特別訂購的豪禮，而是一種真誠心意的展現。多半是自家花園裡的花朵，或是自己精心烘焙的蛋糕，或是提供當晚宴客的祖傳甜點，或是一、兩瓶自己喜歡的日常用酒，總之，都不是什麼花大錢的昂貴禮品。

宴會開始前，通常都會有一小時到一個半小時的酒會，一方面有一個彈性時間，讓客人到來時不至於尷尬，而最主要的目的是，可讓來賓自行走動，進行社交，一旦坐下來之後，主人會輕敲酒杯示意，大家也會自然安靜，主人就會開始談談此次聚會的原因，或抒發內心的感想和感謝，引導氣氛，介紹特別安排的節目，最後舉杯，大家同飲。這是文明社會的禮貌，主人尤其重視賓客座位的安排，因為不同的背景，可能創造豐富有趣的共同話題，日本在這方面也非常講究。

宴會結束之後，受到邀請的賓客，當晚或隔天一定都會發一段簡訊，或寫張簡單素雅的感謝卡，表達謝意。我也是在長年的社交中學到這些禮儀，我自己無論是過去在外交部的外交人員訓練班，甚至是這幾年送學生到國外念書，都一再叮嚀國際上這種最基本的禮節。

反觀在台灣參加喜宴時，常會詫異於大家坐不住的景象。有些主人也預想到這些現象，會費心安排飯前的酒會，讓大家無論是認識新朋友或老朋友，都能夠有足夠的時間走動交談。但是正式開動後不久，往往才上到第二道菜，大家又開始起身到處周旋、敬酒，其熱絡的程度總是讓送菜的服務生不知所措，端著菜只能一路喊著「小心」、「借過」，即使主人安排再精采的節目，似乎也總是在喧譁中被淹沒。

或許因為台灣人的熱情，把它變成另一種形式的社交新傳統，加上台灣對外的邦交不多，國際的商業活動也相對較少，但是生活的素養，卻是必須在每日的言行中培養，如果我們要邁向新的生活文明或是走上國際，一定要了解且尊重這些宴席上的基本禮貌。然而，「文化與文明」絕對需要時間積累，這些不是只有表象的模仿，慶典活動、吃飯穿衣，還只是第一層面，最終底層要有一個強固的內核，而「文明」最終是從內心發起，根本來說，這就是我一再強調的：「塑之於內，而形之於外」。當文化、文明從淺盤走到深度時，我們要學習的功課還有很多。

關鍵思考

特殊慶典節日原本是長年生活、文化、節氣積累而來的，帶有文化傳承、社會凝聚、安頓個體於宇宙中的共同體意識。曆法提供我們共同生活的「時間框架」；傳統節慶給予我們共同記憶的「文化框架」。我們平時需要週休兩日的生活節奏，更需要有傳統祭典、節慶，標定出我們的文化身分，讓我們知曉我們從何而來，又隸屬於何處。

生活的素養必須在每日的言行中培養，如果我們要走上國際，一定要學會這些基本禮貌。然而，「文化與文明」絕對需要時間積累，這些不是只有表象的模仿，慶典活動、吃飯穿衣，還只是第一層面，最終底層要有一個強固的內核，而「文明」最終是從內心發起，根本來說，就是「塑之於內，而形之於外」。當文化、文明從淺盤走到深度時，我們要學習的功課還有很多。

Chapter
6

為生活留下一片可仰望的天空

預排「年休」的震撼

「Stanley，你今年年度休假是什麼時候？」二十多歲退伍，茫然失業半年多，經由鄰居介紹，終於得以進入美國運通當傳達小弟，上班一段時間後，主管就要求我們要先排好第二年的年休（編注：此處的年休為《勞動基準法》規定員工因年資而擁有的特休假）。當時我感到十分驚訝，做為一個剛進公司的初生之犢，根本還沒有進入狀況，論資排輩也只是菜鳥，而年休也還要幾乎一年之後才用得到，為什麼全公司現在就要預排明年的年休？但這也成為我做為社會新鮮人得到的第一個學習。

為什麼呢？因為員工是公司最重要的資產，人力是珍貴的資源，一家上軌道的公司一定會平均分攤全年所有員工休假的狀況。即使我是小小的職員，也要預排確定的休假時間，而且每一個人都要排定職務代理人，我與我的職務代理人，為了確保工作可以順利完成，休假期間是不能重疊的。不只是我，每年公司會先公告旺季時段，因為業務關係，全公司同仁除非有緊急狀況，都應該避免在這一段期間休假，其他時段就讓員工分配，但同類型的職位者互為職務代理人，兩者休假也不能重疊。

等到我升為總經理之後，我的休假又和香港總經理有關係，因為事務層級拉高，許多和總公司的聯繫和決策，也只有總經理才能授權。因此，我休假時，香港總經理不可以同一時間休假，我們互為代理人。也就是說，萬一香港總經理年休時，香港發生重要事情，我可以飛過去支援；相對的，萬一台灣這邊有大事，公司也不會打擾我的休假，會由香港總經理代為掌管局面。

當年公司規定，每年的年休最好要一次休完，再忙最多也只能分兩次。年休的目的就是讓同仁在忙碌一整年以後，能有一段時間有一個一次性的完整假期，除了個人可以按自己的需要預做規劃，公司方面也可以有計畫的配置人力。

生活與工作必須有適度的節奏

進入公司後，我學到的第二件事是，歐美社會崇尚生活的正常節奏，該休息就休息，該上班就上班，該渡假就渡假，連總統、院長也不例外，充分展現生活的文明。年輕時，我有機會擔任機場代表，接待國外來的團體，看到許多領隊帶團到世界各地旅遊，非常嚮往，於是在公司栽培之下，我最終也成為一名「tour escort」（國際領隊）。那時我經常帶團到歐洲旅行，八月正值旅遊旺季，我們在巴黎逛，卻很少看到巴黎本地人，幾乎都是觀光客，多年以後我開始經營飯店，更進一步發現，所有貿易商都知道，到了八月你千萬不要期待客戶會回你訊息，許多公司甚至乾脆關起大門叫員工休假去（這對他們來說等於一年的中間有個大休假的機會）。

後來團員們轉到北歐國家的大城市，發現他們通常五點半或六點，市中心的商家就全部關門，連週末也不開，整個大鎮，涼爽宜人，正適合逛街，但整座城市卻空空如也。可嘆的是，台灣的旅行團按例都是白天集中於觀光景點，晚上自由活動，許多團員們想買東西，卻無處可逛。只有看著街邊精心擺設的櫥窗，在燈光下閃爍著。團員手握一疊鈔票，又是哀嘆，又是抱怨：「啊，他們真不懂得做生意，我們觀光客就是白天逛完了，晚上才有時間血拚啊！」、「到了星期六、星期天都不給我們買，真的很不會做生意。」殊不知這正是一種生活的文明。

當年，我們走在尚未統一前的德國西柏林的庫當大道（Kurfürstendamm）也遇過類似的景況。這條三．五公里長的大街，各國名店林立，路旁遍植著高大優雅的法國梧桐，一直被比擬為柏林的香榭麗舍大道。而人行道中間居然設有獨立的玻璃櫃，夜間藉由燈光展示出精緻華美的夢幻商品，但也是看得到，買不到（或許現在有些歐洲店家，牽就華人旅遊習慣，請了大陸留學生擔任店員，情況有所改觀）。四十幾年前，這些歐洲人就懂得不讓工作影響自己的生活品質，因為賺錢的最終目的，還是要能夠懂得生活。

我有個老同事，曾經在法國西南區的佩希高（Périgord）經營民宿，這間民宿是她夫婿從父親手中承繼的老房子，已經有三百多年歷史，且僅有十個房間。民宿夏天開張營運，到了冬天卻選擇休息。佩希高是法國黑松露最重要的產地之一，很多來自對岸英國或北歐的居民，來這裡渡假，在專家引領下去森林裡採集松露，這些旅客往往今年來了之後，便順道預定明年入住的日期，像候鳥般定期飛來，不願更換地方。而能夠這樣從容的安排，正是因為他們每年的年休都已經預排好了。

我所看見的一種生活文明

當我轉換跑道，擔任亞都飯店總裁時，費心盡力終於打入了著名的「世界傑出旅館聯盟」（Leading Hotel of the World），後來更進一步，擔任亞洲區的主席，也因為這個因緣造訪了許多各國聯盟成員，其中瑞士著名的格施塔德宮廷（Gstaad Palace）的主人，就曾經是世界傑出旅館聯盟的主席，這裡可說是瑞士風景最好、人氣最高的滑雪勝地。這座白色城堡式的飯店，被阿爾卑斯山連綿無盡的群峰圍繞，高踞於山岩之上，俯視著這座傳統風味濃郁的小山城，羅曼式的塔樓和長窗散發著中世紀城堡迷人的魅力，堪稱是瑞士貴族酒店中的旗艦。

百餘年來，格施塔德宮廷酒店受到了無數名流的青睞，影星奧黛麗・赫本（Audrey Hepburn）、蘇菲亞・羅蘭（Sophia Loren）、歌手艾爾頓・強（Elton John）、歌手羅比・威廉斯（Robbie Williams）、前美國總統卡特（Jimmy Carter），各國的皇族與名人皆選擇在此下榻。打開這座富有傳奇色彩奢華飯店的官網卻醒目跳出這樣的說明：

Winter season 2020 :This winter we welcome you from the 21 December 2020 till the 7 March 2021. Next summer :we will be back for you from the 19 June 2021 to the 12 September 2021.

這麼富麗堂皇的旅館竟然只從十二月末營運到隔年三月初就關店，夏天再開一段很短的時間，由六月下旬營運到九月中。初來這裡我也感到詫異，因為這裡不只冬季詩情畫意，其他季節也是美得不得了，春天有高山草原綻放的白花，夏天有偉岸的藍山，深秋則可欣賞雲杉高大而壯美，不同季節有不同的味道，為什麼他們全年只做五、六個月，放著可以賺錢的大好機會關門？這不是把上門的貴客硬生生的推回去嗎？

後來深入了解，發現這才是他們之所以可以歷久不衰、永續經營的原因。而且關門期間他們可以趁此修整設備，重新裝潢；主管到外地做行銷推廣、拜訪客戶（當然也順便旅行）；員工則趁這個時間充電、旅行、讀書、回歸家庭、陪伴老小……。等到十二月大門一開，幾乎馬上爆滿，世界各地的旅人都紛紛來此滑雪，特別是新年期間，香檳、松露、魚子醬源源不絕輪番上桌。員工幾乎每天工作十二個小時，將一年的薪水賺足，小費也跟著大豐收。工作時賣力工作，休息閉門期間好好放鬆，投入另一種生活，經營自己的斜槓人生，很多人反而特別喜歡這樣的工作模式，甚至放棄都會高薪，只因戀慕在這樣的節奏中，找到工作與生活的平衡。他們對於休假有一種審慎的重視，不會羨慕多賺一點錢，全年二十四小時都在接待客人，犧牲休息，過著毫無品質過勞的生活。除了這樣頂級豪華的宮殿式飯店外，整個小鎮也有維持生計的方法。因應淡季時的旅客總量，他們會協議好，其他中小型旅館輪流於不同時間營業，今年的秋天你開，明年他開，區分不同級等，以滿足更多大眾的需求。

找出屬於自己的美好事物

平時的例假日以及傳統節日，日期是固定的，但是每個人的年休長假，卻是可以靈活調整，隨個人計畫充分運用。如果有完整一段較長的年休假期（兩到三週，甚至一個月），就可以好好規劃慢遊。有的人選擇騎車環島、爬台灣百岳，或是到某個安靜的海邊發呆，有的人則在冬季到寒帶國家滑雪；有的人準備到貫穿美國西部荒野全長四千多公里的「太平洋屋脊步道」（Pacific Crest Trail）健行；或去走一趟西班牙的聖雅各（Camino de Santiago）朝聖之路。

從台灣人休假的方式與品質，可以看出很多人並沒有安排生活的能力，套句大家都聽過的廣告詞：「生命就該浪費在美好的事物上。」這個「浪費」當然不是真正的平白流失，而是指有意識的刻意耗費精神去經營構做，有挑選的眼界及品味的能力，才能夠鑑別出什麼叫做「美好的事物」。

我自己也是如此，有幾年的年休，會固定造訪夏威夷的茂宜島或可愛島，刻意避免熱門地方，避開遊客，待在長租型簡單的渡假小屋，好好休息兩個星期，租部車到附近悠遊慢活。等到年休回來，又可精神飽滿的投入工作。

如何安排年休假表面是時間的安排，背後其實是一種文化的體認與洗禮，人們工作一段時間之後，之所以需要休假，真正的需求在於旅行到外地可以產生「疏離效果」（alienation effect），從日常生活的軌道游逸出來，到一個完全陌生的地方，脫離熟悉的人群，學習沉靜獨處，重新和自己對話、安頓身心靈，得到人生更多的新意。

台灣一年的總假日零零總總加起來，其實沒有比國外來得少。如果我們能將這些自主的年休假期，置於國人旅遊的脈絡來思考，之前我們談到旅遊熱區淡旺季差別極大，很多地方的旅遊業者只能「週休五日」，如今每個人到旅遊景點都嫌貴，可是商家一個星期只能賺兩天，不敲顧客，又如何維持其他五天的生活？我們一直在複製這類短期一次性旅遊的景點，只會讓很多寶貴的觀光旅遊資源都「庸俗化」了。

「生命就該浪費在美好的事物上。」這個「浪費」當然不是真正的平白流失，而是指有意識的刻意耗費精神去經營構做，有挑選的眼界及品味的能力，才能夠鑑別出什麼叫做「美好的事物」。

經濟要活絡不是只有短暫的週末兩天，如果不同的客群（包括國人以及接下來會談到的國際旅客），能夠平均的利用週間平日，各取所需的話，換個角度來看，台灣有兩千多萬人，如果大家將個人各種休假及出遊的時間錯開，其實同時也疏散車流，弭平淡旺季落差，就能更平均、更有品質的造訪想去的景點，從不得已的「走馬看花」，進入「深度旅遊」，甚至是「無期無為」的最高階段，最重要的是，觀光旅遊的整個生態系才能更加健全，也才能夠細水長流，至於是否有連假或沒連假，我認為見仁見智，重點還是回到台灣在生活文明上可以再往前邁進一步。

法國作家普魯斯特（Marcel Proust）曾說：「務必要試著在你的生活中，留住一片可以仰望的天空。」而能將週末假日、傳統慶典到每個人的年度特休，三者的定位及意義想清楚，才能把生活「節奏」安排到位，也才能不因政府的「湊假期」做法打亂生活節奏，也才能為我們的生活文化與文明留下一片可以仰望的天空。

關鍵思考

如何安排年休假表面是時間的安排，背後其實是一種文化的體認與洗禮，人們工作一段時間之後，之所以需要休假，真正的需求在於旅行到外地可以產生「疏離效果」，從日常生活的軌道游逸出來，到一個完全陌生的地方，脫離熟悉的人群，學習沉靜獨處，重新和自己相處、安頓與充電，得到人生更多的新意。如果大家將個人各種休假及出遊的時間錯開，其實同時也疏散車流，弭平淡旺季落差，就能更平均、更有品質的造訪想去的景點，從不得已的「走馬看花」，進入「深度旅遊」，甚至是「無期無為」的最高階段，最重要的是，觀光旅遊的整個生態系才能更加健全，也才能夠細水長流，至於是否有連假或沒連假，我認為見仁見智，重點還是回到台灣在生活文明上可以再往前邁進一步。

第三部

Part 3

打造永續的經濟體質

打造永續經濟的體質，
在於必須「政策」先行，
以文化與文明為嚮往，
在每個細微處，逐一落實。
並期許自己成為華人社會最文明的地方，
但不是淺盤的文明，
而是能夠享受深度的文明與自由。

Chapter 7

政策先行，找到定位，進行總量管制

俯看全局，掌握輕重緩急

多年之前，我曾經受邀向政府建言，當時政府談到文化立國的宏願，教我燃起很大的悸動，滿懷期許出席會議，但令我大吃一驚的是，受邀來參加的諮詢者，居然橫跨了文化各個面向，從舞蹈、美術、音樂、戲劇、傳統技藝全都列席在一次座談會裡，大家毫無焦點的「集思」，冗長失焦「廣議」了三個多小時。接著是馬不停蹄的由院長，以及次級主管分頭主持分組討論會議，半年之後，公務單位送來了一本厚厚的白皮書，把當天的發言紀錄打字成冊，並附上精美的會議照片，印上「感謝您的批評指教」，之後就沒有任何下文，一切會議的結果等於束之高閣。

這是無數政府施政的一個微小切片，但是這個小切片透過顯微鏡，卻凸顯了公務機關一方面希望表達重視文化，另一方面卻掌握不到方向及重點，起諸於文字，結束於文章，書空咄咄，毫無意義。事實上，我認為要打造永續經濟的體質，必須「政策」先行，找到適合台灣當下發展優勢的產業定位，決定發展的走向後，再編列預算，把錢花在刀口上，才能進行總量管制。

定位之一：找出最具優勢的產業

如果我們將觀光視為台灣可以發展的產業，政府要站在制高點，監看哪些需要維持？哪裡不能破壞？哪裡需要更動？哪些項目有季節性？為與不為之間，必須斟酌自己的弱勢與優點，最後最重要的是能夠「管控成長」。

好比觀光大國瑞士，深知若是主張發展重工業，政府就要評估，他們能不能贏過擁有更多人口和廣大空間的鄰居德國？若要發展精密工業，又該如何從中找到優勢項目？所以，瑞士沒有被周圍強國壓倒，一直堅守自己的角色，半個多世紀過去了，他們養牛的依舊養牛，擠牛奶的依舊擠牛奶，歐洲最高的露天齒軌鐵路列車，仍舊每隔二十四分鐘就從策馬特出發，駛往陽光燦爛的高納葛拉特觀景平台。

瑞士的旅遊當局，對於整體環境旅遊資源不僅全盤掌握，也知道哪些人、哪些地區必須保持原始風貌，哪些地方可以有計畫的開發，成就另外一番事業。同樣的道理，這也是為什麼我們要保護池上、長濱、豐濱，甚至整個花東？這也是過去一直以來我要反對快速興建「蘇花高」的真正意義。我並不是要阻擋一條公路的興建，最重要的是，我們必須了解花東代表的真正價值。當時我看到的花東，不單只是大家現在琅琅上口的「台灣最後一片淨土」，我也看到它豐厚的原住民文化，體認到夏天不時受颱風威脅，冬天又有東北季風的挑戰，為政者必須在這中間找到自我優勢及發展的空間，先做全盤的整體規劃，否則很容易就被想像成峇里島、普吉島、夏威夷，而做出了錯誤的開發與投資。

定位之二：區分手段與目的

按照同樣的思維邏輯來看，如果我們把自己當成瑞士來思考，二、三十年之後，台灣未來要發展成什麼樣子？台灣如果要發展科技，科技部也必須先找出台灣的優勢及潛在的競爭者，然後擬定政策，決定施行的步驟。我們不可能一天到晚依賴高耗能、高耗電的晶圓代工，如果台灣要發展生技，那麼既有的人才足夠嗎？市場條件可以支撐得下去嗎？有些新興領域雖然看似很有前（錢）景，但卻不是我們的優勢，如果沒有尖端的扎實基礎，可能永遠只能跟在別人後面。科技部必須動員核心的領導人才來動腦，思考哪些能做，哪些不能做，又該整合哪幾項，並評估哪些領域比較有機會成功？

分析出哪些是手段，哪些又是最終的目的，才可以規劃出有深度的政策。就我熟悉的觀光旅遊業來看，我們就是缺乏拔尖的政策，沒有先找到自己的定位，無論是過去的童玩節、燈會、熱氣球節，其實這些都是推廣宣傳的手段，而真實的目的，是要發揮自己文化與自然的優勢，讓在地成為一個永續分享生活的地方，才是真正最終的目的。

就拿熱氣球節來說，世界最知名的土耳其卡帕多奇亞（Cappadocia），被譽為世界最棒的熱氣球體驗。當遊客登上熱氣球登高遠眺時，眼前是數百朵熱氣球同時浮升，那種心曠神怡的壯闊，每年都吸引了數萬人前來朝聖。在氣球上俯瞰著數百萬年來火山熔岩沉積風化的特殊景觀，如錐、如柱、如圓、如波浪、如筍尖等，各種鬼斧神工的地形地貌。而這些奇巖怪石也因陽光不同角度的照耀，顯現出赭紅、淡棕、淺黃、橙黃、芥末黃、玫瑰金的迷幻色彩。

當地旅行社甚至包裝成套裝行程，先安排遊客住在卡帕多奇亞洞穴旅館兩、三晚，吃土耳其式的早餐，清晨再出發前往搭乘熱氣球，在濛濛天色裡升空，看著陽光緩緩照亮大地，一輪日頭就嵌在遠方山頭，地面則是一望無際浩瀚壯麗的絕景，天空滿是七彩繽紛的熱氣球，再加上終生難忘的熱氣球慶生或是求婚活動，豐富了遊客的體驗，而且活動一年四季皆宜，沒有明顯淡旺季的差異。

還不只這些熱鬧繽紛的活動，初看這片荒涼、沉寂宛如火星的地表，看似空無一物，但在看不見的地表之下，找到門路之後又別有洞天。遠溯西元一到四世紀，當時基督徒先後被羅馬政權、拜占庭帝國宗教迫害，加上之後阿拉伯人的入

分析出哪些是手段，哪些又是最終的目的，才可以規劃出有深度的政策。而真實的目的，是要發揮自己文化與自然的優勢，讓在地成為一個永續分享生活的地方，才是真正最終的目的。

侵，虔誠的基督徒逃難到卡帕多奇亞，數個世紀以來，在這個荒蕪地表下，鑿出數不清的岩窟教堂與四通八達的地下城市，繼續他們堅定的信仰。

而整個卡帕多奇亞地區已知有三十六個地下城，凱馬克利地下城是其中最深的一座，深達地下九層，擁有上千個房間，起居室、廚房、酒窖、廁所、食物儲藏室、牲畜欄舍、墳墓、光線通道、通風系統一應俱全，能容納高達一萬人。

所以熱氣球是手段，行銷自我的文化與自然優勢才是目的，總合天空、地面以及地下，三種不同的空間，以觀光、文化、生活三個面向，吸引來自世界各地的旅人，假期或短或長，皆可細細品味。

定位之三：打破單一語系的思考，吸引國際客

反觀台灣大部分的觀光活動都是熱鬧有餘，延續不足，而且都擠在夏季舉辦，由於絕大部分都是以國民旅遊為市場的行銷導向，又正逢學校暑假期間，所有活

動都以孩童親子為主，缺乏國際包裝的格局，但殘酷的是，僅靠暑假的兩個月，只炒熱幾場熱鬧的活動，並無法解決全年的產業平衡。

如果我們只將夏天視為唯一要推廣的季節，那代表我們只能炒作國旅，只能接待自己的觀光客；如果要推動熱門季節以外的旅遊，勢必要走向國際，打破單一語系，不能只服務單一華語市場的客人，而要找到能來台灣渡長假的國際人士，同時就得培養能和國際對接的人才，而且必須投其所好。下面就以幾個具體例子來說明，隨著時間挪移，台灣的觀光與文化包裝必須跟著改變。

範例一：從馬拉松到鐵人三項，半馬、全馬、超馬在台灣已經不再是陌生名詞，因為所有地方政府，幾乎都認為這是一個能凝聚人潮，值得推廣的活動。尤其自行車旅行，目前已有專業的旅行社在做規劃與設計，這個四、五十年前大家陌生的活動，演變到二、三十年前台灣出口的明星產業，現在已經變成台灣的全民運動，它代表的是台灣新的生活文明。四、五十年前，我們看到荷蘭、丹麥等歐洲自行車大國，出於通勤、環保及健身而全民支持自行車，且規劃出腳踏車專用車道，汽車、自行車與行人各自分離，井然有序，真是令人羨慕。而今台灣社會也成熟到類似的高度，尤其是花東幾乎不分季節，每個月或隔週都看得到這種活動的盛大舉行。

運動在極權社會大概都是著重在為國爭光、為校爭光而努力的項目，但是現在的台灣，雖然仍然有這些企圖，但已經不再是主要目的。看到成千的人踴躍參加，我相信除了少數人是為了獎牌、獎金而參賽，絕大部分的人從平常訓練到實際參與，每一個階段其實都是在跟自己的毅力挑戰。對比於上一個世代只知道拚經濟、闖事業、忙應酬，現在的年輕人更重視身體健康、運動健護、戶外活動的基本價值，而這些就是另一種新文明。

範例二：上個世紀、八〇年代左右，當時要享受一杯好咖啡，只有在擁有昂貴專業設備的法國餐廳才有可能。一九九八年一月一日，當統一星巴克正式在台灣成立時，沒有人會相信咖啡居然在這二十年來，變成台灣人非常重要的飲料，現在幾乎在台灣的每一個角落都有各具特色的咖啡店。除了國人日益增長的喜好，咖啡也從開始只是最初的奶泡、拉花，好比紅桃心、天使翅膀、葉脈紋路，這些表面上的美麗，走到更深入的聞香品味。過去幾年陸陸續續來自於紐約、加州的朋友，都提到台灣的咖啡比紐約的好喝，因為台灣不僅只有一種標準式的口味，而是百花齊放，尤其台灣無論是在城市的巷弄之間，或是偏鄉的隱密角落，都會不經意的發現一些由年輕人經營的咖啡小店，往往高朋滿座，各具特色，你或許可以說那是一種小確幸，可是如果你更細部的觀察，這代表的也是另一種生活文明，這種文明在香港、東京、上海昂貴租金的環境中找不到，因為許多陋巷都已經改建成大樓，不是租金翻倍成長，就是被百貨公司大量的吸納，小店根本無法生存。

相對的，台灣的咖啡店其實就是在過去這一段時間的淬鍊後，所創造出的一種新生活文明，不只在台北、高雄等大都會，現在就連花東偏遠的角落裡，都可以看到年輕人精緻調配的咖啡，而且愈來愈講究，愈來愈有個性。我也看到許多人坐在咖啡廳，看書、聊天、發呆、獨處。這樣的生活情調，已經是香港、上海的年輕人無法達到的奢求，也印證了禪學大師林谷芳所說的：「十步之內，必有芳草；陋巷之中，就有春天。」

範例三：發展小鎮文化走向慢城的生活文明。慢城是由義大利的非營利組織所提倡的一種生活概念，目標是減緩市鎮的生活節奏，特別是通過降低空間運用和交通流動來提升生活素質，目前台灣的花蓮鳳林、嘉義大林、苗栗南庄與三義，都獲得了國際慢城的認證，慢城也是另一種生活文明，它必須從傳統台灣城鎮幾乎大致雷同的「齊一」，走向各具特色的「唯一」。城鎮的領導者、民意代表、意見領袖、在地青年、文化工作者，必須有更寬闊的視野和深厚的文化素養，才能夠萃取出本身的在地特色，規劃出可長可久的永續願景。這時你將會發現茶園不再是製造茶葉的地方，而是個細細品茶的文化環境，在碧綠的茶園，配上若有似無的古琴，或任何自己文化相關的音樂，這也是我所看到的另外一種生活文明。

目前，台灣已有不少設有觀光餐旅科系的大學，這些學校目前無論是烹飪或者服務，都還只限於「術」的訓練，這也只能算是最初階、第一層次的培養；但是如果從更寬廣的視野看台灣永續的發展，觀光從業人員就必須懂得應用外語，至少英文、日文要列為必修，但並非要學生鑽研純文學，而是要學生有一定的語言基礎能了解別人的文化，可以跟客人談美食的特色、酒類的歷史，做到更細緻貼心的溝通與服務，達到第二個層次。之後，他們在這個行業修練得夠久、夠深，懂得品味，有良好的美學素養和音樂文化藝術的基本內涵，甚至更高的生活與哲學之後，就能邁入更高的第三個層次。

三個境界完全不同。事實上，目前台灣大城市中號稱五星級的飯店，連第一、第二層次的基礎服務都尚有不足，或僅僅差強人意，落入「價高質低」的局面。如果有了跨出「單一語系市場」的準備，下一步的挑戰即是：推廣國際從亞洲開始，尋找「關鍵影響力之人」。

慢城是另一種生活文明，它必須從傳統台灣城鎮幾乎大致雷同的「齊一」，走向各具特色的「唯一」。城鎮的領導者、民意代表、意見領袖、在地青年、文化工作者，必須有更寬闊的視野和深厚的文化素養，才能夠萃取出本身的在地特色，規劃出可長可久的永續願景。

定位之四：推廣國際從亞洲鄰國開始

不論是觀光產業、科技業，我們第一要務都是要先找到自己的優勢，把自己先整頓好，厚植實力；第二階段則必須擺脫「單一語系的市場思維」。想想若有一天疫情趨緩，旅遊業重新開放之際，如果我們又冀望套用過去的產業結構，只想靠國人旅遊來解決問題，那將會如同過去依賴陸客一樣，走不出暴起暴落的宿命。因此，我們的眼光勢必要更加國際化。而要推廣旅遊，首先就要從亞洲開始，就近尋找「關鍵影響力人士」。

十年前，來台觀光的歐洲地區旅客僅有十七萬餘人次，二〇一五年已上升至二十五萬人次，但仍不多見，過去很長一段時間，主管單位大多認為歐美旅客是重要的拓展目標，如果我們只是到紐約時代廣場、百老匯劇院、倫敦地鐵砸大錢刊登廣告，或是包下雙層巴士行銷推廣，老實說現階段根本不會發生任何影響，因為這些遠在天邊的客人，是不會因為一個廣告產生旅遊動機，台灣從來就不是國際觀光旅客的熱門城市。

所以，一切的行銷行為都必須回到我曾經在《我所看見的未來》一書中所描述的，先尋找「關鍵影響力的人」，鎖定那些已經來到亞洲、搭機約在三個半小時內的國際潛在客人。這些歐美人士來到亞洲，一定會找商務處和辦事處，或是當地友人，當這些人說出「台灣不錯喔」，人往往比較容易相信自己人所推薦的地方，這樣宣傳就容易產生旅遊的動機與好奇。從這個角度來看，我們可以想像日本、韓國、東南亞等地外商貿易辦事處，會有多少歐美人士，而我們應該就近邀請這些人到台灣旅遊。

因此，我們派任去這些國家的觀光代表人員，不能只有日語、韓語的人才，還要有英語、歐語系人才，才可以跟他們直接接觸對話，而我們的駐外人員目前仍然缺乏這種思維。同理上海、北京、深圳、香港亦有很多駐外商會、辦事處，我們的外派人員要能夠打進其中的德國商會、歐洲商會、法國商會等機構。所以，正代表必須精通當地語言，副手則可由精通英語的代表擔任，主要任務在於處理在地的國際觀光與文化關係，總之，推廣國際必須從鄰近國家出發，借力使力。

像我們公益平台文化基金會，多年來一直以不同的模式向國外推廣花東之美，例如，我們曾邀請亞洲各國商會的總幹事和副座，來台灣體驗深度的文化和文明，特別是冬天，他們都對花東留下極美好的印象。不僅如此，每年也會固定邀請中港澳評價良好的報章雜誌、深度旅遊部落客版主，以及上海歐美商會的代表，免費招待他們來花東踩線旅行，他們自然也報以大篇幅的報導，透過朋友圈的宣傳，給台灣或花東很多正面的評價。

但遺憾的是，僅只有一篇或一次性的報導，若是沒能形成一個完整的交流，是遠遠不足的。然而，我們做為民間單位也只能做示範，之後還是必須要由政府接手，點、線、面才能連成一氣。未來的外派單位也必須了解，除了經營在地國的關係以及華僑關係之外，其實更重要的是開發國際人脈，用文化和觀光與世界交朋友。

定位之五：人才如何培養？

借鑑「香港知專設計學院」：如果要落實學校推廣應用外語，外派單位須有與歐美人士對接的靈活彈性政策。我看到一所在香港極有前景的學校，二〇〇七年才成立的「香港知專設計學院」（Hong Kong Design Institute，HKDI），就是政策先行、主政單位定位明確的最佳示範，可以說是香港職業訓練局為培育設計人才而成立的頂尖專上院校，提供完整的學士、碩士及進修課程。

因為香港並沒有廣大的生產基地，所以必須努力培控更多的加值型服務，因此他們先經過深度的討論，評估自己的優勢與弱勢，再聚焦致力發展香港優勢的核心產業，包括金工、珠寶、服裝設計、舞台燈光、餐飲、家具設計等，大約十個主要專業項目。

香港知專當時砸下重金，以十二億港元打造校園，光是從外觀就可以感受香港在設立這所專業學校時，整體的思考及定位。設計學院的校舍是由法國建築公司「Coldefy & Associés」聯同巴馬丹拿建築事務所共同設計，以「一張飄浮於空中的白紙」為設計概念，並在國際建築設計大賽中奪得冠軍。

從學校硬體，就開門見山的告訴你：這是一所頂尖的設計學校。行走其間，不僅會一直被各種設計精妙的環境氛圍所感動，舉凡小到通道、大到圖書館、電腦室，環繞學生周圍的每一個細節，全是包覆著美感和創意，所到之處都是美學的示範。建築結構分為地面平台、四座教學大樓及空中平台，三個部分分別被玻璃及預製X字型鋼骨結構所圍繞，突出「空中之城」浮起的感覺，充滿詩意，不僅如此，校舍也營造了一個開放，且有互動感的學習環境，底層不僅提供了大量的活動空間，同時亦展現充滿創意的環境，扎扎實實體現了知專的精神。

學校的方向明確而專精，老師們多半年輕，思想靈活，且與業界保持緊密聯繫。而金工、珠寶等教室皆有學生專用的工作檯，展示學生完成作品的櫥窗，也由不同的名牌贊助商所贊助。

舞台設計系的學生，則有完整的舞台、燈光、音控設備可供操作；學服裝設計的學生也可藉由電腦影像，將自己設計的衣服貼放在螢幕中的模特兒身上，測試合成之後的整體效果。發表作品時，也有專業的舞台空間，讓學生可以實際參與秀場前台到後台的所有流程，包括學會燈光怎麼打、音樂如何搭配，將來出社會就可以無縫接軌。令我印象最深的是，參觀一間偌大的「織品材料室」時，每個扁長型的抽屜裡都放置不同質料的織品，學生只要寫下需要的材料，輸入電腦中，那個專門的抽屜就會有燈亮起來，十分先進方便。而掛滿服裝的衣物室，也只要輸入型號，電腦就會在懸吊滾動的衣架裡，抓取正確的服裝送到櫃台前面。

另外，還有一所專門培訓餐飲旅館服務人員的技術學校，也非常專業的複製了各種廚房餐廳品酒的專業環境，提供學習廚藝的學生在中西餐廳實做各種包子、拉麵、點心等等，牆面則掛上老師傅們在各飯店服務的資歷照片，提供學生未來職涯的想像。SPA訓練中心，也備有各種臉部按摩的設備；餐旅服務的學生則要學會各種清潔用品的操作運用，熟悉房間打掃環節、各式刷具，乃至清潔劑的功用，因為不同的材質有不同的使用方式；酒櫃裡則陳列了各國名酒，更有實際的吧檯，讓學生學會品酒與調酒。

這些香港年輕人在一流的環境中學習，最終是要建立國際的專業水準，服務來自各國的國際客人。這個還是十年前剛開幕我去參觀學校的景況，然而台灣現在仍找不出完全到位的這類教學機構。

看見趨勢，找到優勢，避免劣勢

像香港知專這樣表裡如一的優質學校，香港沒有幾所，但是都各有特色與專長，如果當初台灣評估類似「知專」的學校，在全台灣北中南東各地只限定幾所，第一所學生招滿、招齊了，教育部才開放設立第二所，就不會造成今天全台很多「因緣際會」改制出來的餐旅學校，落得品質很差、老師不足、水準也不夠的情況。不僅將來畢業文憑立刻貶值，也無法進入業界貢獻。這些都是因為沒有政策先行，沒有規劃的惡果。

有完整的政策才能讓政府編列預算，將經費用在刀口上不浪費，也才能進行總量管制。對於台灣的未來，我一直抱持最基本的原則：我們要看世界的「趨勢」，找到台灣的「優勢」，避除自己的「劣勢」；趨勢、優勢、劣勢三項條件必須同時顧及，找到交集，這樣我們成功的機會才會提高。

關鍵思考

如果我們將觀光視為台灣可以發展的產業，政府要站在制高點，監看哪些需要維持？哪裡不能破壞？哪裡需要更動？哪些項目有季節性？為與不為之間，必須斟酌自己的弱勢與優點，最後最重要的是能夠「管控成長」。有完整的政策才能讓政府編列預算，將經費用在刀口上不浪費，也才能進行總量管制。對於台灣的未來，我們要看世界的「趨勢」，找到台灣的「優勢」，避除自己的「劣勢」；趨勢、優勢、劣勢三項條件必須同時顧及，找到交集，這樣成功的機會才會提高。

Chapter 8

經營在地特色，成為慢活小鎮

「雪山隧道」是無法突破的瓶頸

有些事情沒有印證之前，很多人半信半疑，甚至認為我在危言聳聽，但是時間還是無情的來了，很多事情現在都一一兌現，結果也變成我最不想看到的樣子。

我們先來看宜蘭，雪山隧道還在開發之前，當時我是觀光協會會長，地方首長那時特別率領縣府一級主管來亞都找我，希望我分享對宜蘭未來開發的想像，日後我也數度到宜蘭演講，當時很多人急於想知道我的意向或答案，我也一再提到：「在雪隧開通之前，大家必須先盤整出自己的優勢，什麼該推廣，哪些該保護，在道路開通前必須預先做好準備，使政府與民間共同達到共識。」

結果，二〇〇六年六月雪隧通車以後，交通設施的方便，促使遊客數量大幅增加，宜蘭真的成為台北人的後花園，但也帶來了垃圾，空氣、交通也變差了，也逐步使得宜蘭被納入大台北都會區，形成核心區與邊陲區或半邊陲區之間的「擴散與模仿」現象。擴散是指核心區運用大眾傳播媒體、經濟發展策略等方式，將其資金、技術、管理制度、價值觀等區域成長利益擴散到邊陲區。模仿則是指邊陲區在受到核心區的新觀念、新技術或資金投入的刺激後，極力模仿核心區的發展形式。

因此，短短幾年間，就如同大家所見，以前的蘭陽平原看去一片稻田，如今田中央滿布豪華農舍，據估算增加了大約八千棟的豪華「農舍」，以堅強的陣容展示歐式、台式、西式、東洋等各種建築大觀。土地固有的「不可增、不可移」之特性，鑄造了一塊地的絕對價值，然而，拔地而起的農舍，汙染了農田水圳，遮蔽了作物所需的陽光，幾乎難以復原。而類似的開發行為幾乎在台灣的每一個偏鄉被複製。這時候農委會才驀然覺醒，提出了「加嚴農舍管制」，規定農舍須臨側臨路，不能蓋在田中央，但早就為時已晚。

換言之，蘭陽平原的景觀是被毀掉了。結果我們看到了一個愈來愈像北部都會的宜蘭風景，綠野平疇的稻田，山川雨水滋養的糧倉，成為豪華農舍蔓延寄生的沃土。而宜蘭縣目前單是興建中五十平方公尺以上的建築就有十三案之多，羅東運動公園南側也將蓋起四十幾層高、將近三百戶的新建案；古早的礁溪居民總記得路旁水溝終日冒出來的熱騰騰蒸氣，如今五星級飯店與豪宅愈蓋愈多，淺層溫

充滿豪華農舍的宜蘭地景。沒有政策先行，導致具有生產力的良田被人為的建物覆蓋，而這已是台灣農村的普遍景象。（圖片來源：聯合線上／蘇健忠攝影）

泉被大量超抽，泉溫比起十年前降了十多度。過去鑿井三十公尺，泉溫至少有四十五度，如今則要鑿深到五十公尺以上，才有相同的泉溫，演變成「人潮愈多，飯店愈密；水溫愈降，鑿井愈深」的惡性循環，可以想見，未來礁溪溫泉恐怕要消失。

我想現在宜蘭本地人大部分都很懊惱，假日湧入的觀光客把僅有的幾條主要道路都塞死了，宜蘭人有公路也等於沒公路。事實證明，雪山隧道是個無法突破的先天限制與瓶頸，帶來的是開發與資源的消耗。唯一可以改變的方法就是把腳步放慢，用更理性、文明、總量管制的方法開發，面對整體大環境的承載能力，尋找邁向永續的基石。

一條公路無法振興經濟

從人文地理的視角來看，日治時代就開闢的「蘇花公路」堪稱「史詩級」公路，這段公路前前後後累疊了清代後山北路、日治理蕃道路以及戰後拓寬與內移等多期變遷，由於沿線一直變動不穩，因此，總在不同時間點被提出來討論。

十多年前，挾總統大選熱潮，各種支票滿天飛，政府也研議將在東部興建另一條高速公路——北起宜蘭蘇澳，南至花蓮吉安鄉。計畫中這條被列入「新十大建設」的高速公路全長為八六．五公里，一般路面僅有九公里，其餘跋山涉水全是橋梁、隧道，九四%以上得經過高海拔國土保安地和山坡地，經費估值高達新台幣九百六十二億元，成為台灣史上最貴的公路，每公里平均造價超過十億元。

花費近千億興建一條高速公路，當時不少人說，這是有史以來後山最大的利多

雪山隧道是個無法突破的先天限制與瓶頸，帶來的是開發與資源的消耗。唯一可以改變的方法就是把腳步放慢，用更理性、文明、總量管制的方法開發，面對整體大環境的承載能力，尋找邁向永續的基石。

消息，可以樂觀期待高速公路將把人潮帶入花蓮，將花蓮的觀光推向另一個高峰。不少東部人以為有了高速公路，之後到台灣東部就更便捷，像水龍頭一開，遊客會源源不絕的湧入，對當地經濟發展有莫大助益，鼓掌叫好表示「這是德政」。

但是，我有不同的看法。我認為，解決花東「交通問題」與認為興建高速公路可以解決花東的「經濟問題」，其實是兩件事，論點與目的完全不同。我了解花東鄉親希望有更便捷的方式與西部連接，但是，要解決這個問題，單只靠一條公路是不可能的。花東地區的朋友長期以來苦於交通旅程過長，火車一位難求，事實上，二〇〇七年上路的傾斜式列車太魯閣號，從台北到花蓮的行車時間，只要一小時五十五分鐘，比蘇花高預計的兩小時行車時間還快。即使是一般火車，台北到花蓮如果能做到每小時定點直達，中間不停靠其他車站，也可以縮短通勤時間。

之後，這條昂貴的高速公路經歷十多年的爭辯，從蘇花高到「蘇花替」，最終定案為「蘇花改」（原名為「台9線蘇花公路山區路段改善計畫」），前後費時九年，並於二〇二〇年一月全線通車。

對比布滿農舍的地景，池上一望無際的稻田，已成為旅人嚮往的景點，但如果當年沒有讓池上居民找到自信，池上或許早已布滿農舍。（圖片來源：台灣好基金會提供）

原本花東人期盼一條回家的路，應該因「蘇花改」而全面改善，可是根據高工局統計，自二〇二〇年初全線通車近半年來，連假期間，有四四％的車輛經由宜蘭前往花蓮，幾乎每十台車就有一半是開往花蓮；而蘇花改通車之後，蘇花路廊平日的交通量暴增到一萬兩千四百多輛，比起通車之前的六千八百多輛，整整成長了八一％。更可怕的是，這只是平日的統計數據，遇到連續假日更是跳躍式的倍增。

「蘇花改」對花東地區來說，就像被打開的「潘朵拉的盒子」，雖是禮物，卻是會帶來麻煩的禮物。果不其然，面對突然暴增的人流及車輛，公路總局又加碼提案：為了提高整個東部交通速效，加上耗時八年的南迴（台9線）公路已經拓寬改建完成，基於串聯整個東部的交通網路，正擬重啟「花東快速公路」的興建評估，完成相關環評預估約需時兩年，將來花蓮崇德到台東市的一百九十公里之間，將有上百公里時速的道路穿行而過。

但是，光靠一條高速公路能解決花東的經濟問題嗎？我的答案是否定的。其實事實已經印證了，當宜蘭因為雪山隧道通車，變成台北的後花園之後，每個週末、連假都在塞車；而今蘇花改建成，同樣的局面又延伸到花蓮、台東。而現在已經通車的蘇花改，其實又回頭加重了雪山隧道的負擔，大幅惡化雪山隧道的瓶頸困局。兩條公路、兩個地區的累加損傷，花東人期待回家的路，到了週末與旺季的時候，仍是一條遙不可及的道路。

不少專家也同時指出，提高供給永遠無法趕上需求，因為它會更刺激需求的增長，成為供給愈多、需求更強的死結，當需求凌駕供給到極限值，便是供給的崩潰。如果大家的心態是，到花東可以快去快回，那麼將有更多的人，在缺乏規劃之下出遊。有了快速道路，「速度」成為最高價值，然而大家卻忘了思考：快速到達的同時，也保證快速穿越與快速離開，沒有足夠的駐足條件，也就無法發展出「流連忘返」的商機。當蜂擁的觀光客在同一時間擠入同一個景點，再美的風景，都不會有良好的旅遊品質。手段與目的若適得其反，快速的公路只是讓機會也同時加速離去。

花蓮過去因為交通的封閉，與外界產生隔絕，讓花蓮形成一個遺世獨立的後山淨土與樂土。而且蘇花高所提供的想像並不只於交通便捷，更在便利之後所帶來的開發大夢。交通方便了，炒房、炒地的人看到了商機也跟著進來，土地房舍都漲價了，年輕人恐怕更難以在這個地方立足；大量車輛的湧入，花蓮人入城恐怕再也找不到免費的停車位，過去住在花蓮的這些小確幸恐怕很快就要消失了。

「蠻牛闖入瓷器店」之前

我對花蓮有一種特別的情感。一九六八年至一九六九年，我曾在花蓮七星潭服兵役。當時我最大的興趣和享受，就是在黃昏時帶著舊式的手提唱盤，一個人跑到七星潭的海邊聽音樂，週末有空時，還會到太魯閣附近的各個景點閒逛。花東的美景，是我沉澱心靈、抒發當兵苦悶和無力感的良伴。因為年輕時與花蓮的美好邂逅，讓我對花蓮總是特別關心，著名的清水斷崖、金馬號、大車隊，也都深印在大眾的集體記憶裡。

於是十多年前，在文化界一群朋友共同的呼籲下，「蘇花高」宣告緩建之際，將原本興建蘇花高近一千億元的工程款預算，撥出五百億做為「花東永續發展基金」。在這個條例之初，經建會其實參考了我的意見，我當時特別強調這筆基金不是用在硬體建設，務必以專款投入文化領域、永續發展，為東部豐厚的原住民藝術、文化、觀光，重新打造新舞台，期待能營造令人留駐的豐富內容。

這個背後的思維是：「公路」本身並不是解決經濟問題的手段，高速公路承諾的快速假以時日必可完成，但它產生的巨大破壞卻遠非我們所能估算。所以，我們必須在莽撞的開發之前，先做好規劃，針對自己的優勢做出定位。而花東需要一套永續發展的規劃，在「蠻牛闖入瓷器店」之前，必須先動腦、再動手；先規劃，再開發。

如果沒有想清楚，缺乏完整規劃與因應措施，用「主動的規劃」取代「被動的形式」，開發商將如原本關在柵欄裡，不停躁動、跑蹄的蠻牛群，待閘門一開，便呼嘯奔踏，將珍稀土地的自然資源無情開發殆盡，這樣帶來的必是災難。從美麗灣飯店到其他「海岸第一排」的各式建築，還有無數財團圈地為王的計畫中，我們已經看到很多錯誤的例證，對於花東，我們是該跳脫出這樣的循環了。

一直以來，我對於花東苦口婆心談的都是：「看到這片土地真正的價值在哪裡？」我們要了解，因為中央山脈阻擋，宜蘭和花東不管怎樣的發展，都是個交通承載量無法無限擴大的地方，想清楚這些限制之後，再來思考定位、包裝，估量清楚總量的承載能力，培養呵護這塊土地的旅人，才不致於走偏。

對於花東我們需要站在更全面的制高點來思考，若以新竹科學園區的開發為例：當時除了政府有計畫的規劃與土地徵收外，後續工研院引入各種國內外人才，從養成到技術轉移，配合後續的獎勵措施，沒有一項不在政府的規劃與輔導範圍。

假設當初新竹科學園區的規劃，政府只提供一塊土地、一條高速公路，其他則放任地方政府及電機公會自行開發，我相信無論如何努力也無法達到現有的成果。證諸國內傳統工業區的興衰榮枯，平均壽命不過二十年左右的光景。昔日傳統工業帶來的榮景，目前多已淪為棄置的環境包袱。相反的，有預設目標、產業定位的科學園區及有文化深耕為基礎的觀光事業，卻是百年也不會衰敗的事業。

過去我一再提及，對於花東的未來，政府必須先提一套可長可久的規劃。例如，了解台灣是南島文化的原鄉，需要積極培養原住民的國際人才，發展他們的文化特色。而要提升花東的美食文化與農畜產品，就必須輔以專業學校及食品專業人士進駐，帶動人才的培育和農產品的附加價值；想要讓觀光更具國際化與競爭力，就一定要培養能發揮在地原住民文化的音樂與藝術人才，並且打造永續的綠能建築和有地方特色的民宿管家；若要扶植文化工作者，就得匀支預算，廣招國內與國外的一流團隊，先深度了解、觀察在地特色，參與諮詢與規劃，協助在地文化產業，針對未來的國際市場族群尋找自己的優勢，做出具體的包裝；同時也協助在地民宿保存特色，改善服務品質。

凡此種種，都是市場開發前要做的事情，很遺憾的，目前花東永續發展基金，已經成為地方政府爭相解決短期問題，分配利益大餅的手段，距離當時「永續發展」的原始動機已經愈來愈遠。當時的五百億，如果能針對文化包裝，真正朝永續觀光發展，將不知可以發揮多大的功能？如果僅限於硬體的開發，只能是杯水車薪的挹注。

成為生活的所在，而非觀光的景點

花東是一個「生活的所在」、「渡假的地方」，並非「觀光」的景點而已。花東也沒有那麼多地方可以容納超量的旅客，唯一的做法是，「管控成長」，進行「總量管制」和「運輸需求管理」。花東有最豐厚的原住民文化，尤其是南島語系的發源地，有很多精采的素材可以發揮，假如能夠善用自己的文化特色，座落都市中心耗費大量土地和人力資源的國際大飯店其實未必是最好的選項。

假日的花蓮、台東，遊客本來就爆量，這一次因為疫情造成的報復性旅遊，也是短暫現象，一旦國境重新開放，如果沒有預做準備，將又會回到平日沒有旅客，旅館、遊樂園等各種軟硬體設施只能「週休五日」，週末兩天才有客人光臨的窘境，如何管控成長和人車流量，現在正是改善體質的機會。縮小假日與平日的客人落差，平衡收支，是地方政府與業者最需要花心思包裝的，這當中可以努力的空間非常大，我們也仍在持續經營探索。

因此，此刻最重要的問題是：在疫情過後，當國境重新開啟時，我們能不能用另外一種方式調整好我們的觀光體質，台灣不是沒有優點，也不是沒有國際賣點，但絕對不是峇里島、普吉島，也不是夏威夷。相較這些地方，我們沒有四季如夏、穩定的氣候型態，夏天有颱風的威脅，冬天也避不掉東北季風的吹襲，但也正是因為東北季風的吹襲，使得花東成為這個季節東南亞最好的衝浪據點，這反倒是推廣運動旅遊的好素材。文明的社會、友善的人民、具有文化底蘊的各種元素，也都是值得我們重新包裝的題材。

因此，我不斷呼籲我們必須從國民做起，改變旅遊的思維模式，發展出結合當地文化與特色的「慢遊旅程」，將旅遊的「定點」與移動的「距離」、「方式」，

花東是一個「生活的所在」、「渡假的地方」，並非「觀光」的景點而已。花東也沒有那麼多地方可以容納超量的旅客，唯一的做法是，「管控成長」，進行「總量管制」和「運輸需求管理」。

做更為平衡的配套安排，盡可能在每個「點」停留更長的時間，縮短兩點之間移動（使用公路）的時間，若是來此旅遊，最好能多待幾天，享受慢遊時光，而非讓觀光客排擠了原來居民的生活品質，這才是持恆永續的發展之道。

我所憧憬的未來：放慢腳步，好好生活

在世界趨勢的影響、文化與宗教的薰陶下，台灣社會經過幾十年的淬鍊，已經可以在許多地方發現「慢活」的精神。渡假訴求的是一種緩慢自在的步調，讓旅人打開五感，體驗不同的生活感受，是一種經營第二、第三階段成熟旅客的最佳資源，而現在的台灣，其實大有機會。我覺得花東正是可以在慢活的自然氣息中，展露自己文化特色的地方。

花東未來的優勢，應該在於以現有的飯店與一千多家民宿為基礎，加上局部合乎永續條件的開發，優先輔導在地青年返鄉創業，甚至釋放目前許多閒置的公有建築，如軍營、碉堡、學校、糖廠等，讓花東青年可以經營有特色的民宿、餐

廳、藝術工作坊或體健營，必能吸引國內外旅客，以分享文化的態度與心情來體驗花東的慢活之旅。

好比，我們都感覺到台灣運動健身已經蔚然成風，各處都有運動中心、健身房和熱衷健身的人。台東可以在非假日時段，打造一套適合初老退休族群的運動健護體驗旅行，從室內走到戶外，鼓勵遊客週日晚上報到，隔週的週五早上離開，因為這時車子最不擠、民宿最空、環境最優美。每天有教練在清晨或傍晚指導運動，加上健康的飲食，民宿則在這些時段給予一些折扣，便是初老族很適合的休

台灣社會經過幾十年的淬鍊，已經可以在許多地方發現「慢活」的精神。渡假訴求的是一種緩慢自在的步調，讓旅人打開五感，體驗不同的生活感受，是一種經營第二、第三階段成熟旅客的最佳資源，而花東正是可以在慢活的自然氣息中，展露自己文化特色的地方。

閒渡假方法。

不久之前，我們才跟一大批海外記者朋友在台東的「金剛大道」體驗這樣的生活。這條大道像是用尺劃出來的筆直，沿著台十一線，走到八十五公里處，轉入長光社區之後不久便可以抵達。我們在「運動健護」教練甘思元的帶領下，做各種伸展與運動，一頭矗立著霸氣凌人的金剛山，一頭是蔚藍無比的太平洋，筆直延伸而下的道路，兩旁梯田一階階展開，沒有電線杆，這種無垠視野足可比美池上的金城武大道。我們一行人，便在這杳無人跡的大道上，練習著初老族最適合的「殭屍走」，舉起雙手，兩腳蹬跳著，一小步、一小步往前推進，心情也跟著飛揚。室內運動和戶外的感覺完全不同，我們一面吹著海風，一面望向無際的太平洋，時空一瞬，美景當前，身心都得到了療癒。

長濱、豐濱的優雅質變

被我稱為「雙濱」的長濱與豐濱，與我的因緣不只十年，早在公益平台基金會

在教練的帶領下，遊客們在金剛大道上體驗讓身心伸展的殭屍走，療癒了都市生活的疲累。（照片提供：台東製造）

正式成立之前，我就注意到這兩個地方，最早是因我的花蓮夥伴王玉萍出版《O'rip》這本雜誌，專門報導花蓮各種小鎮文化、美食和觀光特色。記得二〇〇七年，我邀請了文化界的一群朋友，從台東一路沿著台十一線往北走，第二天的晚上就留宿長濱。

當天晚上正好颱風過境，並且朝著長濱而來，我們當時住在烏石鼻海邊的一家民宿，後來被我們稱之為「咆哮山莊」，也是從那一次我認識了當時還不太出名的原住民廚師陳耀忠，在陸續幾次長濱、豐濱的旅行與探勘中，我發覺阿美族的陳耀忠有著極具創意的美食概念。

同一時期我又發現了北回歸線地標旁的巴歌浪船屋，船屋的主人是來自港口部落的素民作曲家哈旺，他曾經一度在城市中以板模為業，返鄉之後和兄弟聯手蓋了這棟造型如大船入港的餐廳民宿，四周椰影搖曳，海天一色，絕佳的視野令人心曠神怡。

後來在我的串聯下，陳耀忠成為巴歌浪的主廚，哈旺則負責表演（哈旺年輕時曾經寫過幾首原住民音樂，而且有錄音帶），這個計劃持續了三年，他們便開始各自獨立，在港口部落以及豐濱、長濱交界，同時有了兩個非常具有特色的原住民餐廳。我也曾經送陳耀忠到亞都見習觀摩，了解主流社會的飲食需求，提升其經營視野。

之後我們接下了余湘買下來的民宿「余水知歡」，開始以它為基地，培養當地的民宿管家。並將余水知歡每年收入的三分之一提供給原投資人，另外三分之一做為管家獎金，另外三分之一則當成在地部落培訓活動的基金。

這些年我們也陸陸續續把花東不同的部落青年（包括長濱、豐濱的人才）、藝術家和地方政府的基層主管，送到夏威夷的玻里尼西亞中心和楊百翰大學觀摩見習，培植地方未來發展的種子，讓在地青年深切理解發揮自我文化優勢及在地自然景觀的特色，才是讓花東邁向永續的基石。

這十幾年在公益平台的伴護下，我一路見證著長濱、豐濱的優雅質變，成為慢活小鎮。雙濱地區現有將近十家無菜單料理的餐廳，不僅融入了在地食物和文化，也各有特色。好比返鄉青年 Nick 和 Vivi 夫婦，在經過城市的歷練以後，在鹵草埔開設了一家無菜單料理餐廳——「料理人的家」，即是一家極有個性的私廚料理，夫妻堅持從生活中揀選食材，讓每一季的菜單絕不重複。

我也看到科技人李鐘亮董事長接下「晝日風尚」旅店後，夫婦兩人特別飛至法國，邀請在馬賽米其林三星餐廳擔任領班的楊柏偉回台。他曾在長濱擔任替代役，之後遠赴法國苦修廚藝，精進有成之際，再次因緣際會回到長濱，成立以發揮在地食材為主的正統法式料理餐廳「Sinasera 24」。Sinasera 是阿美族語的「大地」，取名 Sinasera 24 即有「二十四節氣以大地為食材」之意。這家餐廳一開始幾乎門可羅雀，於是我陸續邀請媒體和台北社交界「關鍵影響力」的朋友來此，目前在楊主廚認真的經營下，已經變得一位難求，最終我們希望讓追求慢活的朋友能夠重新認識長濱與豐濱眾多等待發光的璞玉。

我們也同時集合當地所有的民宿、海域、山域體驗的返鄉青年及在地夥伴，成立群組，定期提供最新的發展資訊，組成善待在地文化資源的工作坊；而且兩度為台東縣政府的首長在長濱舉行兩天一夜的共識營，讓大家用另外一個視角共同

台東極受歡迎的民宿畫日風尚。其主廚楊柏偉曾遠赴法國苦修廚藝，受邀回到長濱後，成立了「Sinasera 24」正統法式料理餐廳，食材皆取自當地作物。（上圖．葉峻榳提供／下圖．Taster 美食加拍攝提供）

呵護這塊尚未被破壞的家園。

十多年耕耘努力之下，這個花蓮最南、台東最北的雙濱，已漸漸走出了自己全新的面貌。若論生活文明，這裡已如另一個國度，我們根本不必羨慕峇里島，在這裡就可以享受美食、短居長住、深度旅行，從表面的觀光，走到深度的旅遊，再走到生活的美學，甚至走向更深層的自我獨處、對話，這些點將一一串聯起素樸的、曖曖含光的精神文明，凝鍊成台灣文化的未來。

關鍵思考

「公路」本身並不是解決經濟問題的手段，高速公路承諾的快速，假以時日必可完成，但它產生的巨大破壞卻遠非我們所能估算。所以，我們必須在莽撞的開發之前，先做好規劃，針對自己的優勢做出定位。而花東需要一套永續發展的規劃，在「蠻牛闖入瓷器店」之前，必須先動腦，再動手；先規劃，再開發。

我們也必須改變旅遊的思維模式，發展出結合當地文化與特色的「慢遊旅程」，將旅遊的「定點」與移動「距離」、「方式」，做更為平衡的配套安排，盡可能在每個「點」停留更長的時間，縮短兩點之間移動（使用公路）的時間，若是來此旅遊，最好能多待幾天，享受慢遊時光，而非讓觀光客排擠了原來居民的生活品質，才是持恆永續的發展之道。

Chapter 9

當「未來」已成過去，今後如何繼續？

十二年前，我出版了《我所看見的未來》，希望這本書能使讀者獲得「普遍的經驗值」，或是做為施政者決策參考的方向。之後更以洪荒之力，到各地演講，政府官員也紛紛前來請益，我從不氣餒，一直大聲呼籲，我們要發掘台灣的優勢。

但很遺憾的，過去十多年來，我總是一再看見缺乏長遠規劃，導致地方競爭力錯失良機的情形，也看到很多人在短暫的、眼前立見幻夢的推動下，一次又一次以粗糙的、莽撞的行動，帶來無以彌補、無可挽回的傷害。不僅遺憾，也有些不甘，明明我們有人才、有資源，卻沒辦法做出成績，讓整個台灣脫胎換骨，問題究竟出在哪裡？台灣的旅遊能否成為一個永續的產業？

「賣茶葉、賣筍乾」的代價

九二一之後，我曾多次受邀去南投演講，我不斷的建議南投要變成茶的故鄉、變成「茶的那帕山谷」。然而，時至今日，這裡仍然只是種茶、賣茶的地方。雖然南投台灣茶的質量俱佳，每年都評選出冠軍茶，是地方產業的一大亮點，但卻忽略了生活文明的深化。如果只想賺錢，就會像日月潭一樣，有一大堆歐巴桑拿著茶葉追著觀光客跑的情景。我很納悶，台灣的茶葉為什麼要這樣賣呢？品質世界居冠的茶，居然只能在路邊擺攤販售？

鹿谷的茶行可不可以借用歐洲酒莊的概念，發展出像茶莊之旅的套裝行程？我的想像是每一個茶園都設有茶莊，旅客參觀時，茶莊主人則優雅接待，像「食養山房」營造繁複細緻的喝茶體驗，以輕淡的古箏為背景音樂，讓大家靜坐，飲清水一杯，品茗之間心情完全放鬆。

還可以開發採茶、烘焙的參與行程，一面說明種茶、採茶、製茶的過程，一面教導遊客學習分辨茶葉、如何品茗，再搭配茶食、音樂；也可以展現不同族群的製茶特色，如客家擂茶的製作品嘗，以美學來包裝整體的體驗感受，讓「茶莊之旅」變成豐富的文化之旅，不只是販賣一包茶葉，而是給旅人終生難忘的生活品味回憶。

再看南投的「竹山」，除了盛產竹子及其相關產品，便沒有特殊之處。然而，造訪過京都經典的「嵐山嵯峨野竹林小徑」的人，都明白竹林是一種意境，是一種價值，無人不愛。然而，這條小徑只是嵐山小火車站和野宮神社之間的主要通道，只有短短三百公尺，走完全程大約只要十分鐘，可是為何全球知名，令人念念不忘呢？何以走過它，聽著竹葉的沙沙聲、搭配青翠竹子嘎嘎作響，會令人心情有這麼大的變化呢？

仔細分析，這片竹林經過細心整理，小徑兩側樹立素樸的竹編圍籬，讓筆直茂密的大片竹子，豪氣的伸入長空，留下地面斑斕的光影，從視覺、聽覺到體感，全浸透著一股清涼。而小徑中風吹竹林，無法仿冒的「天籟」，也入選了「日本最值得保留的一百種聲音」。

日本人真是精擅於行銷包裝，反觀南投竹山，有比嵐山數百倍大的萬頃濤綠的竹林，也有瀟颯風聲，為何沒有令人難忘的記憶點呢？除了T型鋼搭建的觀竹海樓、趕風潮搶建的天梯（已暫時關閉）之外，僅有一條孟宗竹蔭林道，卻也少為外人所知，更遑論揚名天下了。看到京都嵐山，我們對於竹山的想像，是否應跳脫竹筍湯與竹筒飯的框架，借竹子的禪意、文化象徵，在一片清涼的翠綠裡，習習爽風中，發展出竹林特有的禪定靜心冥想行程？

沒有文化視野，觀光只是消耗當地

經由前面的討論，不難明瞭「被動形成」和「主動規劃」之間，相去不可以道里計。然而，為與不為之間，如何拿捏分寸，又是一門學問。在我超過四十年的觀光生涯中，看見太多「自毀長城」的例子：泰國曼谷東南方一百六十多公里處的芭達雅，最早每年吸引幾百萬遊客，且搏得了「東方夏威夷」的美名，但多年發展之下，慢慢以紅燈區及色情秀招攬遊客，免不了衍生各種犯罪。每況愈下後，泰國又開發了更偏遠的普吉島。

原本三、四十年前的普吉島還是人跡罕至的天然海灘，這些海灘漸漸發展成外國人心中的世外桃源、心靈避風港，甚至成為自然主義的裸泳聖地。然而，命運一再重複的是，普吉島一個一個美麗海灘也被消耗殆盡。

這個過程我也觀察到，一些國際五星、六星級的連鎖飯店或旅館，幾乎都「眼光獨到」的選定在有自己傳統文化的未開發地區，他們有一定的經營美學及服務水準，也懂得萃取當地文化。但不變的是，獲利者都是財團，且限於最高階的管理階層及廚師。給當地人的就業機會往往集中在位階低微的房務雜役，而該地區將大部分的資源都投注在旅館觀光業之下，其他產業也不會蓬勃發展。

我學到一件事：如果不將在地人的文化拉高，他們便永遠只是扮演苦力的角色，當地的資源及文化僅成為旅遊的提供者，最終等著被消耗殆盡而已。尚且不談這些優勢外來者對其文化的破壞、土地被財團買走、生存權遭到控制，原來歷經幾千年發展出來的珍貴文化，也將淪為異國情調的裝飾品。

勇敢拒絕遊客

回想起，早年我還任職於美國運通公司時，旅行至薩爾茲堡（Salzburg），這個以莫札特的故鄉享譽於世的城市，驚訝其舊城區保存完整，甚至區內房屋的雨接都保留手工銅製的原樣；連美國運通在當地分公司的招牌，都必須依照當地政府的要求，以手工方式仿古打造，公司的標準招牌只能放在室內使用。

在這一切的古意背後，全靠一個代代相傳、數人組成的「都市規劃審查會」把關。所有的房屋修繕、改建，全都需要得到全體委員同意才能動工。這樣的組織在歐洲俯拾可見，其中一位委員曾說道：「只要有一代追求功利與速效的委員或政客，就能把我們數代以來的堅持，一夕毀掉。」

再看另一個最近的例子，座落於奧地利的中部、阿爾卑斯山脈的哈爾施塔特（Hallstatt），被譽為「世界最美的小鎮」。最早可遠溯一千年前，這裡因鹽礦開採而興起，建成至今四百多年，是個居民不到八百人的精緻小鎮，於一九九七年被聯合國教科文組織列為世界文化遺產。沿著湖畔建立的城鎮，高聳的教堂尖塔和瑰麗房舍，有壯麗的雪山圍繞，如童話仙境，小鎮建築與湖面倒影對映，波光瀲灩間，煞是好看。小鎮原本只吸引歐美遊客前往觀光，隨著迪士尼動畫「冰雪奇緣」一票房大紅，被附會是電影中令人魂牽夢縈的艾倫戴爾王國的真實所在，特別是那些近乎復刻的城鎮輪廓，更加印證了遊客的印象，口耳相傳之下，一時間湧入大量朝聖的遊客。

小鎮一年比一年火紅，也成了「ＩＧ打卡新寵兒」，據媒體報導，小鎮的遊客從二〇〇九年的每天一百人，暴增到每天一萬人，而且大部分來自中國大陸、韓國、日本、泰國和香港，遊客總量甚至是威尼斯日均接待人數的六倍之多。而在Instagram上的「#Hallstatt」標籤，也被使用近七十萬次，還被評為：「全球最值得拍照上傳到Instagram的城市。」

盛名衍生龐大商機，十多年前，中國廣東甚至出現未授權、斥資近三百億台幣打造的山寨版哈爾施塔特，照樣轟動。在網路的推波助瀾之下，更多的亞洲客爭相前來奧地利深山裡「一探究竟」。遊客多雖帶來錢潮，然而九成左右的遊客卻只是短暫停留，拍照打卡上網炫耀之後就離開，有的遊客甚至不打招呼就闖進當地居民家中，或是忽然冒出一架無人機，懸空在居民陽台的桌子上方拍攝取景，這些過激的行徑，都嚴重侵擾了小鎮居民的日常生活。

小鎮成為「overtourism」（過度旅遊）的受害者，不勝其擾之下，當地政府終於決定從二〇二〇年起，針對遊客人數採取管制，連要入內的巴士都得購買數量有限的入城門票，若是遊客停留時間在一百五十分鐘以下，就禁止入內遊覽，避免只來拍照就離開的情況，管控整體環境的品質，不為「追求功利與速效」而出賣子孫的未來。

原汁原味的藝術家群像

台灣已經走過九〇年代「XO、賓士、滿天星」那種奢侈、炫富、暴發戶的時代，有了國外的前車之鑑，台灣更不應該走回頭路。我們要學習用新觀念來看待旅遊，如果只是一味把它當偏鄉，台東就真的只是偏鄉，但若能轉念思考，台東其實可以成為中心。值得一提，目前正在興建中的台東金樽「江賢二藝術園區」，將能帶動花東發展為具有國際高度的藝術與生活文明重鎮。

近幾年非常受到注目的「日本瀨戶內海藝術祭」即是最好的例子。瀨戶內海原本是由日本本州、四國及九州圍起來的淺地層內海，其間散置著上千個荒島，其

備受國際矚目的當代藝術家安聖惠，目前長居台東，擅長以複合媒材雕塑與環境裝置創作，照片為其作品「放在那邊的海」。（照片提供：映像生活 Image Life）

中小豆島、豐島最為人知，早年醫學觀念不發達，甚至成為遭到歧視的漢生病患者集中流放的小島。

過去這一帶因為人煙稀少，交通複雜不便，而成為被遺忘的地方。近年來日本當局找來大型建設公司投入開發，同時號召世界知名藝術家，如安藤忠雄、草間彌生，在不同的島上創作藝術品或建造博物館、美術館。以藝術創生的手法，將瀨戶內海藝術祭打響名號，藉此讓荒蕪的偏鄉得以重生。

這些做法類似「地方創生」，但是台東的情況又完全不同，因為台東本身就孕育了很多原生的藝術家。我個人長年觀察，環繞著海岸山脈的花東，一邊是縱谷線，一邊是海岸線。縱谷線是以池上為中心，在台灣好基金會與在地鄉民的共同努力之下，從春耕、夏耘、秋收、冬藏，加上長年累積以蔣勳等為首的一系列藝術家駐村，以及穀倉藝術館的成立，已經成為花東縱谷線重要的文化據點。

而海岸線上無論是加路蘭的漂流木作品、都蘭的拉黑子．達立夫、希巨蘇飛、賴純純、長濱、豐濱的項鍊工作室、拉飛．邵馬和葉海地的Laboratory實驗平台、台東市的鐵花村與台東糖廠、南迴的謝聖華、高獻庭、安聖惠等創作工作者，甚至再加上綠島的國家人權博物館——白色恐怖綠島紀念園區，都是極具生命力、想像力的創作者。另外，還有胡德夫、桑布伊、舒米恩、以莉·高露、陳建年等數不盡的音樂人，以及布拉瑞揚與各族群原住民的舞蹈元素。客觀的說，花東有絕對的條件，能夠發展成具有國際高度，卻又完全展現東海岸特色的藝術新聚落。

這麼豪華富饒的藝術家陣容，從木雕、裝置藝術、原住民歌謠到舞蹈，原汁原味，自成一個豐盛的系譜，更重要的是，他們的雙腳深深扎根於土地，土地也慷慨的給予他們創作的能量及靈感。

台東做為新轉運中心

有了藝術家的高度與生活文明的廣度，接下來推展國際化，便可以從亞洲出發，讓台東成為區域轉運的樞紐、地區的「新轉運中心」。若把台東當做中心點輻射出來，設計出台東直飛香港、上海、日本的國際旅遊班機，將來香港人可以先來台東渡假，然後飛往東京，或是東京人來台東渡假，然後飛抵香港購物旅遊，就很有機會發展成我所說的「雙城記」。如此一來，台東機場就可以發展為區域性的國際機場。

若從地面區域行程的視角，台東也可以成為地區性的關鍵轉運中心，若要往北，沿公路到雙濱、花蓮、太魯閣，往南到南迴、墾丁等地；或是走縱谷線，循著花蓮↓池上↓台東↓南迴的路線；又或是沿著海岸線，走南迴↓台東↓都蘭↓金樽↓長濱↓花蓮的路線。而機場再輔以碼頭，又可以再前進綠島、蘭嶼，那將又是另一個天地。

前一段時間受到陸客不來的影響，許多花東旅館近乎空洞化了，而實際上，香港的租金愈來愈貴，許多香港年輕人羨慕台灣的生活。隨著 5G 時代的來臨、交通的便捷，如果能夠讓他們留在這裡生根，政府只要扮演串聯的力量，抓緊這個尋找國際人才的契機，相信可以產生非常大的相乘效果。

台灣若要國際化，必須走向這種高度，改變台東的視角，推動藝術生活慢遊，

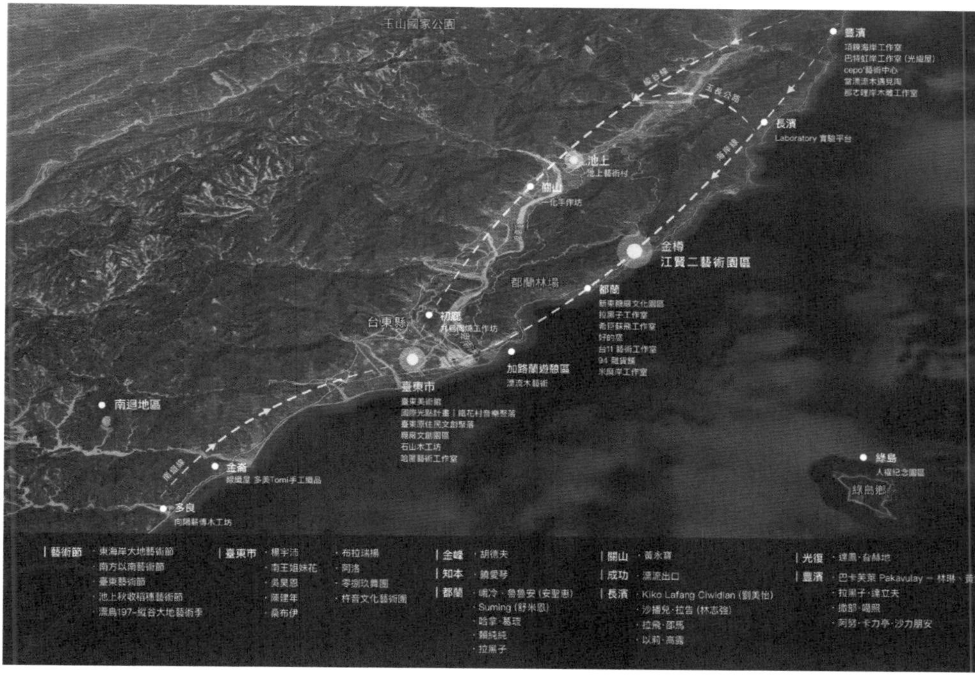

玉山國家公園
豐濱
項鍊海岸工作室
巴特虹岸工作室（光織屋）
cepo'藝術中心
當漂流木遇見陶
那乞哩岸木雕工作室
玉長公路
長濱
Laboratory 實驗平台
池上
池上藝術村
關山
一化手作坊
金樽
江賢二藝術園區
都蘭林場
都蘭
新東糖廠文化園區
拉黑子工作室
希巨蘇飛工作室
好的窯
台11 藝術工作室
94 雜貨舖
米麻岸工作室
台東縣
初鹿
加路蘭遊憩區
漂流木藝術
臺東市
臺東美術館
國際光點計畫｜鐵花村音樂聚落
臺東原住民文創聚落
糖廠文創園區
石山木工坊
哈萊藝術工作室
南迴地區
金崙
線織屋 多美Tomi手工編品
多良
向陽藝傳木工坊
綠島
人權紀念園區
綠島鄉
藝術節 · 東海岸大地藝術節 · 南方以南藝術節 · 臺東藝術節 · 池上秋收稻穗藝術節 · 漂鳥197–縱谷大地藝術季
臺東市 · 楊宇沛 · 南王姐妹花 · 吳昊恩 · 陳建年 · 桑布伊 · 布拉瑞揚 · 阿洛 · 零濕玖舞團 · 杵音文化藝術團
金峰 · 胡德夫
知本 · 鍾愛琴
都蘭 · 唲冷 · 魯魯安（安聖惠） · Suming（舒米恩） · 哈拿·基瑄 · 賴純純 · 拉黑子
關山 · 黃永寶
成功 · 漂流出口
長濱 · Kiko Lafang Ciwidian（劉美怡） · 沙播兒·拉告（林志強） · 拉飛·邵馬 · 以莉·高露
光復 · 達鳳·旮赫地
豐濱 · 巴卡芙萊 Pakavulay – 林琳、黃錦城 · 拉黑子·達立夫 · 撒部·噶照 · 阿努·卡力亭·沙力朋安

以「江賢二藝術園區」為軸心，往北的海岸線可以到長濱、豐濱；往南可以到都蘭、加路蘭、台東、金崙、多良等；而縱谷線有初鹿、關山、池上等，台東就可以成為國際藝術生活的重鎮。

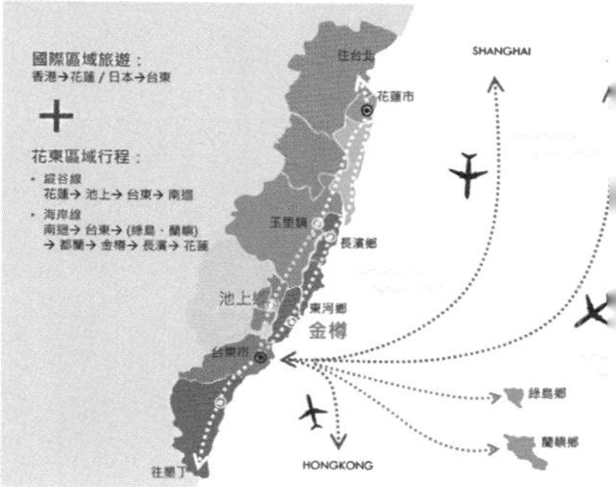

最終讓所有人「感動而歸」，同時擺脫對「單一語系市場」的重度依賴，讓更多國際人士願意進來欣賞我們的生活與文明。

從未來二、三十年往回看，從疫情歸零的「此刻」開始計時，我們要打造永續經濟的體質，必須「政策」先行，以文化與文明為嚮往，找到定位，進行總量管制，在每個細微處，逐一落實，同時永遠牢記：「只要有一代追求功利與速效的委員或政客，就能把我們數代以來的堅持，一夕毀掉。」其中這牽涉到政府公務機關的規劃能力、旅客要學習文明的態度、經營者仍待學習的美學素養等。這些只有回到教育，重新開始教導「下一代」，我們可以期許自己成為華人社會最文明的地方，而且不只是淺盤的文明，而是能夠擁有深度的文明與自由，這一切也勢必要從教育出發，重新開機。

關鍵思考

要打造永續經濟的體質，必須「政策」先行，以文化與文明為嚮往，找到定位，進行總量管制，在每個細微處，逐一落實，其中這牽涉到政府公務機關的規劃能力、旅客要學習文明的態度、經營者仍待學習的美學素養等等。而台灣若要國際化，必須改變台東的視角，推動藝術生活慢遊，最終讓所有人「感動而歸」，同時擺脫對「單一語系市場」的重度依賴，讓更多國際人士願意進來欣賞我們的生活與文明。

第四部

Part 4

教育必須不一樣

理性是文明的端點，

成熟的社會要有自我修正、進化的能力，

「公民教育」應該是第一優先的教育核心，

而且不單單是培養有思辨力的台灣公民，

更要培養出具有普世價值的「世界公民」。

Chapter 10

準公民的試煉——自由與自律的真義

德國高速公路隱形的律法

一九七三年我曾帶團去德國參加一項展覽，中間行經一條高速公路，當時年輕的我，看到老德司機一路提速，儀表板的指針都快擺向一百多公里了，他卻依然絲毫沒有停止的意思，我提醒他：「對不起……您是不是快要超速了！」沒想到，他老兄悠悠的說：「德國的高速公路沒有速限！」順著他的視線，我望過去，果真所有的車輛速度都很快，再仔細觀察，每個車道即便在高速下卻依然井然有序。不僅駕駛不會任意變換車道超車，最左側車道也都保持淨空，做為超車道，很多車輛的最高時速都超過一百五十公里，甚至接近兩百公里，超車之後，必定讓出車道，給其他人使用，「That's why you can drive as fast as you want.」老德司機又對我說，可以絕對高速，而不會有危險。

這一趟讓我開了眼界，震撼於這個國家的人民彷彿遵循著一個隱形的律法，而且絕對「嚴守紀律」。德國開發出世界最早的封閉高速公路系統，沒有法定速限（僅因天候或地形，不同的邦設有建議速限），但出乎意料，交通事故死亡率卻遠低於其他公路大國（如美國及中國），甚至不到台灣的三分之一，而且很少看到警察、警車巡邏。這意味著同樣追求快速，德國卻養成了強烈的風險管理意識，愈快愈小心，愈小心愈安全，車子也就可以開快而不發生危險。

回到台灣，不到兩年，我們也建造了第一條高速公路（第一階段新北市三重到內壢路段）。我滿懷期盼的上路，永遠記得當時一上高速公路，感覺完全走樣。那三十多公里中，有計程車把高速公路當做一般馬路，左右任意變換車道狂飆，也有三部車等速並行，把整條車道都擋住了。我心中驚愕連連：「怎麼會這樣？」德國高速公路沒有速限，卻很有秩序，我們當時限速九十公里，卻是亂成一團。開了路，在大家沒有學到嚴格紀律、規定和訓練時，就匆促上路，成為社會混亂的根源。但凡用路文化已經惡化，人的行為模式一旦養成，再提出「禁止」、不准如何，都為時已晚。先享受自由的權利，再談要遵守什麼義務，無異是本末倒置。

如果交通大隊能事先做幾則動畫先行教育、宣導，甚至模擬「在最左側超車道慢速行駛，對其他車子而言，等於是倒車，極易危害大家」，這樣簡單直白的畫面，加上幾句警語，就能讓大家立刻明瞭。如果在公路開放之初，祭以嚴厲的管控和罰則，事後或許就能減少事故的發生。同理，如果我們把台灣開車習慣帶到德國，很可能會被鄰車按喇叭，嚴重警告這種危險行為，因為對於想要超車的德國駕駛來說，這無異於是「開倒車」的危害。

回過頭來看，從過去高速公路的開放，到後來民主的開放，像極了台灣民主的發展進程。冷眼旁觀這歷來一切，我們有了民主，卻完全沒有教育，沒有準備，沒有學到必須共同遵守的法則。這也是台灣總是愈開放、愈自由，卻也逐步流失優勢的一項原因。

高速公路的混亂殷鑑不遠，近年來，台灣法界人士正在積極倡議，將法定成年歲數從二十歲降到十八歲，賦予「投票權」。兩黨居然也都一致同意，至今似乎沒有人敢違逆主流，質疑到底我們有沒有準備好？事實上，世界上絕大多數國家，早已將十八歲定為成年年齡，讓十八歲的青年能夠參與公共事務，充分自主，已是全球普遍的共識。據統計，台灣十八歲到二十歲之間的年輕人總計約五十八萬人，這項修法如果通過，我們將瞬間增加近六十萬的選民。任何新政策推出時，必須經過一段時間的醞釀、推廣，加上正反兩方的討論，然而，我們看到兩黨政客都把「十八歲公民權」當成籠絡年輕選民的一項工具，讓年輕人以為民主如同開車、點餐般的簡單方便。

十八歲轉大人是世界潮流，但是，我們得思考，一個青年並非成長到十八歲，就突然自動變成公民。民主不是得來速，自由到自律是循序漸進的教育與啟蒙。更多的權利，是更大的責任與義務。如果我們急著讓十八歲公民擁有投票權，卻未對高中的公民教育有所著墨，預先培養思辨力，釐清責任與義務分際，這六十萬突然擁有投票權的孩子，將會如何決定大家的未來？民主高速公路的混亂會不會再來一次？我的答案是，一切都要回到教育！

「自律」在教育裡全面撤守

這樣的擔憂是有原因的，自由的先決條件在於自律，可是現實上，我們卻看到「自律」在台灣教育裡全面撤守。九〇年代台灣開始教育改革以來，大學校園裡高喊「教育鬆綁」、「大學自治」，為了對抗先前官派校長的獨霸性，台灣實施了多年的「教授治校」，校長由教授們遴選出來，大學行政事務由教授主導。

其實這恐怕是全世界都沒有的現象。校長應該由一個超然的「遴選委員會」（search committee）來推舉，找到能夠帶領學校邁向未來的領導者（校長）。「遴選委員會」通常是以明察暗訪的方式，低調遴選出最合適的人選，主動舉薦；不像台灣的大學必須由遴選委員推薦或主動申請，而遴選委員第一階段只能做資格審查，將其提給校務會議，並向所有教授發表「治校理念」，接受答詢，待五〇%的教授投票通過後，才能由遴選委員會選出最後名單。表面上公開透明的校園民主，檯面下卻是各方角力、抹黑、耳語、拉幫結派、爭取權益等不堪聞問的內幕，把社會政治場域的汙染引入校園。大學沒有發揮自治的期待，反而各行其政，有了自由，沒有自律，產生校長政治化、教授派系化、職員騎牆化……，學術界也呈現出「有山頭而無學派」的怪異景象。

濫用民主、討好選民的結果，是給了個人過大的自由保障，卻沒有給任何懲戒的工具。學校很難解聘不適任老師，也很難開除有問題的學生。內控機制失靈，惡性循環之下，成為台灣教育環境無法精進的真正肇因。我們也看到台灣的大學生在課堂上呈現某種鬆散的樣態，當老師在講台上口沫橫飛上課時，台下同學不是忙著吃東西、滑手機，就是聊天談笑，甚至乾脆趴下來睡覺。這種現象幾乎每天發生在每一個教育現場，身為老師的更加無能為力。在現實教室都如此了，網路世界更是無法約束，但是在職場上工作的我們都知道，有一天這些年輕人離開這樣的「舒適圈」，走向國際發展，這些不成熟的行為不僅不被接受，也必須付出巨大的代價，這時又要怪誰？

「公民」應該具備哪些素養？

現在的基礎教育布局，必須要看到未來二、三十年後，我們希望台灣要變成什麼模樣，以此原始反終，探討十八歲的「公民」應該具備哪些素養。以下，我試著整理出中學教育應該裝備青年面對未來能力的一些想法：

一、公民必須有「自律」的能力，以及不受駕馭、獨立思考的「思辨能力」，並且要有使命感及悲憫心，這些都是做為準公民及世界公民必須具備的基本能力。我個人深深以為這才應該是做為一個文化社會，學校必須在各種教育場域培養孩子的基本能力。

二、其次我認為學校要培養學生「生活」的能力，我簡單歸納「生活」為音樂、舞蹈、戲劇、文學、美術、體育、餐飲、接觸自然、永續綠能建築等素養，培養這些素養將可悠遊於生活，終身受用，一方面得以自處，另一方面可以從中探索出自我的潛能。

三、最後我認為才是「做事」的能力，尤其在ＡＩ當道之下，未來公民必須擁有不被機器取代的「做事」能力，也就是溝通、合作、創意等跨領域學習的能力。

公民的兩隻眼睛：自律與思辨

若以此為目標，學校自然要以全新的觀點來教育孩子。我們在台東的均一國際實驗中學，目前約有兩百位住校學生，收納了來自於花東山上、海邊，以及西部地區各種不同背景的孩子，希望這些孩子在多元背景的環境裡了解彼此。我們的教育不斷強調孩子在擁有自由前必須先懂得自律，學會獨立思考，不被外界現象駕馭。而公民權必須要具備起碼的「做人」能力，它需要兩隻清明的眼睛，也就是自律與思辨力。

在討論「自律」時，我們難免要混雜著各種規矩、禁制的要求，先讓學生了解其目的，懂得尊重法治，養成自我約束的能力，經過嚴謹的教育之後，當學生高中畢業，走向社會化，面對全然開放的社會時，才能進退有據，成為一個正向積極的好公民。但是，規矩、禁制還是只停留在「他律」的層次，只有行為表面的仿效，僅僅是出於別人規定而「不得不」遵守，缺乏內心價值上的認定與信仰；而「自律」卻是自己主動想做，不等別人要求，就會自我約束。

「自由」並不是「想做什麼」，就做什麼；或是「只要我喜歡，有什麼不可以」。正好相反，自由的最高境界，是如同德國哲學家康德所說的：「我不想做什麼，就可以不做」的高度自制力。如果自由是奔馳的馬車，自律便是駕馭馬車的頭。沒有自律的自由是盲目的，沒有自由的自律是空洞的。「自律」是內省而來的自發力量，若非出於自由意志，其實是自相矛盾，「自律」最高境界是衷心認同這樣的價值，居心端正，坦誠磊落，不欺暗室，拳拳服膺，樂而為之，並不因有無人監看而增益或減損其內在價值。

人有動物性，並不會自然而然變成一個「可以自我要求的文明人」，人性本有的普遍脆弱、難拒誘惑與好逸惡勞，皆使得「自律」無法渾然天成、不學而能，自律來自於教育的精心栽培、潛移默化、長時間的克己復禮，外在行為的時時修練，最後才能由對與錯的區別，走向善與惡的抉擇，外塑與內具合而為一。而愈是有普遍而大量的自律國民，這個國家將愈是文明。

關鍵思考

民主不是得來速，自由到自律是循序漸進的教育與啟蒙。更多的權利，是更大的責任與義務。如果我們急著讓十八歲公民擁有投票權，卻未對高中的公民教育有所著墨，預先培養思辨力，釐清責任與義務分際，這六十萬突然擁有投票權的孩子，將會如何決定大家的未來？現在的基礎教育布局，必須要看到未來二、三十年後，我們希望台灣要變成什麼模樣，以此原始反終，探討十八歲的「公民」應該具備哪些素養。而公民權必須要具備起碼的「做人」能力，它需要兩隻清明的眼睛，也就是自律與思辨。而愈是有普遍而大量的自律國民，這個國家將愈是文明。

Chapter 11

用思辨力來修正民主之弊

失落的這一代

前一章討論了自由與自律，這一章我們要討論的是公民另一個重要素養：思辨力和批判思考力。

現在的年輕人打從出生開始，所呼吸的就是自由民主的空氣，所面對的就是父母供養物質充裕的環境，所生活的是充滿政客各種討好政策的社會。他們進入大學，不再像父母當年得在數十萬考生的聯考競爭中，以前三〇％的成績才能勝出，如今的孩子進入大學毫無門檻，幾乎一〇〇％都可以入學，以致視很多事情為理所當然，完全不需要努力爭取，加上又常常被灌輸各種可以享受與爭取的權益，結果失去了尋找、探索自我生存能力的想像力，大學四年之後，沒有任何阻力的畢了業，懷抱著空虛的學位，卻驀然覺醒，面對的是一個比父母世代更加嚴苛艱難、卻無能力競爭與生存的環境。

然而，在這種種劣勢之中，我認為年輕人最大的威脅之一來自於「網路」，以前談及「教育」，多半指的是家庭、學校、社會等教育的範疇，但是對當今的年輕人來說，還多了一項「網路教育」，而這個也是影響他們最大、最深的一環。

他們是數位原生（Digital Natives）的元世代，沒有一天不與電腦、網站、手機密切共生共存，喜歡即時、互動、快速、多變，厭惡制式、統一、大鍋炒和回饋延遲。如同民主的高速一樣，他們出生就享有數位自由，卻沒有預先的教育、沒有任何執照、沒有人教他如何防衛，便得以輕鬆的在網路高速公路之下盡情奔馳，其實他們也是科技時代的實驗品，完全無前例可以借鏡或反思。

網路「教育」大行其道

然而，便捷快速的網路就像一把雙面刃，一方面它可以是正向學習的資源，另一方面也可能是謀殺自己或他人靈魂的利器；它可以是弭平數位落差、線上課程的最佳工具，同時也可能不設防的蒐羅各種腥、酸、辣的訊息。在線上遊戲過於簡化的世界觀之下，殺人變成一場遊戲，戰爭只是一種模擬，「game over」之後，螢幕一掃，又可重來一遍。更進一步的，現實上的各種情緒及不滿，都可以經由鍵盤，藏身在網路後面，恣意批判攻訐他人而不必負責。數位資訊流以光年的速度傳輸著驚人的巨量內容，暴露於年輕人尚不知防備的眼球，抓緊一顆又一顆新鮮好奇的心。他們進而沉溺其中，忘記與人接觸的溫度，和現實世界逐漸斷聯。

特別是，今天的網路也更聰明了，可以藉由演算法，偵測使用者的愛好、欲望，然後「取你所好，投你所愛」，在不同的情境下，一直餵哺你相似的東西。無論是遊戲、暴力、色情、極端思想，年輕人在每天汲取刺激與滿足的過程中，逐漸改寫腦神經連結的迴路，重塑腦內提供滿足快樂的反饋機制（原本這種充實的滿足感，可能來自學習或領悟的喜悅），好像一種數位型態的毒品，日積月累戕害年輕人的身心，在毫無抗體之下，劑量逐日增強，最終導致難以戒斷而上癮，整個心智的活力像鎖螺絲一樣愈旋愈緊，放棄了思考，鞏固了偏執，狹隘了視野，最後落入死胡同。

科技宰制之害

上述網路科技的惡性宰制，並不是危言聳聽，現實上我們聽過各種悲劇性的例子，其實這些都削弱了思辨的可能，同時也傷害了公民社會的對話空間。因為民主是一種共同生活的交集、英文講的「compromise」，亦即com（共同的），加上promise（承諾）。一個社會要健康的往下走，不管有多少不同的立場，我們要看的是重疊、共同的一塊，不論它多麼微小，而不是強化沒有交集的部分，這樣才能夠協商出彼此的共識。

然而，網路趨於極端值的演算法，卻將這塊寶貴的共識，稀釋了、拉遠了，甚至兩極化，撕裂成完全對立、無法溝通的局面，是非判斷完全棄守，當然離公民的思辨及批判思考就更遠了。

三十多年前，台大哲學系教授殷海光提出「無色的思想」、「不設防的大腦」，這些觀點至今依然那麼鮮明強烈。人，既然是一種會思想的動物，就有所思的內容，然而這個內容從何而來？他用辛辣之筆直言：「可惜得很，在我們這個地球上，最大多數的人在他們較多數的時間內，他們的腦袋簡直是一座未設防的城市！人真是一種奇怪又有趣的動物。在城市裡，我們看，庭院深深深幾許，家家戶戶把門關。……可是，我們一般人對於自己的思想園地，卻是這樣漫不經心，全無一點管制設備。」

他這麼強調「正確思想」，也就是思考的態度與方法：「很少魚是活在蒸餾水中的。同樣，最大多數人、大多數時間是生活在有顏色的思想裡。」祖宗遺訓、傳統、宗教以及各種意識型態在在影響一個人的內在，但是無色的思想，沒有偏見、由知識構成的思想，「它沒有情緒、意欲、個人成分、地域特點攙雜其間。因此，它有普遍的效率。它是素淨的。」我們無法活在真空裡，正如大部分的思想都染有顏色，但是我們要能鑑別其色，懂得盡可能還原其無色的純淨狀態。

當很多人家裡安裝電子鎖、防盜門的同時，卻也看到很多人的大腦像個不設防的城市，一方面毫無防範、不加思索照單全收；另一方面又戴著有色眼鏡看事情，兩者交乘之下，要得到清晰的視野和穩定的力量，就難上加難。因此，未來的公民更要有意識的拿掉顏色看事情，才能獨立思考，培養思辨力。

庸眾的民主：立即滿足欲望

號稱民主發展已有兩百多年的美國，亦有深根於普羅大眾的「反智傳統」，血氣暢旺的台灣自然也不遑多讓。老早就有學者誠實的指出台灣社會的「理盲和濫情」，遺憾的是至今仍沒有多大的改善。

台灣是民主社會，人言言殊，百家爭鳴，固然展現了自由的活力，但是公民的思辨能力，卻讓我十分憂心。我們總說雅典文明孕育了西方的民主，很多民主國家的領袖特別喜歡在帕德嫩神廟拍照打卡，顯示自己對於民主的信仰，他們身影後那些高聳列柱遺跡，彷彿支撐著人類文明於千年不毀，然而事情真是如此嗎？

其實早在兩千多年以前，希臘哲學家蘇格拉底就給過我們提醒。他深知一般人不愛思考，只用簡單答案來滿足欲望的選舉有多麼容易被操弄利用。他要我們想像：如果有兩位候選人，一個就像甜點店老闆，另一位就像醫師，賣甜點的老闆可能會說：「看！這個人會找你麻煩，他會叫你吞下苦藥，禁止你飽食佳餚、狂喝濫飲，他啊，才不像我會奉上各式各樣好料……。」醫師則會反駁道：「我找你麻煩、禁止你，節制你的嗜欲，無非都是為你好啊！」人們傾向認為民主可以得到明確的好處，而忘了民主的重點在過程，只有充分的教育和啟蒙，才可能產生良好的效果。換言之，民主是辛苦的、緩步墊高，低頭耕耘才會結出果實。於是，短視人民最後仍會選出立即能滿足欲望的那個甜點店老闆，而不是真正為我們健康著想的好醫生。

在《柏拉圖對話錄》中顯示，蘇格拉底對民主有著很強的質疑，甚至抱持強烈的悲觀看法。他將希臘民主比喻為一艘巨大的船，問道：「誰可以當理想的船長？誰可以為大家的安全掌舵？是船上隨便任何一個人？還是受過駕船訓練、了解海洋的人？」大家理所當然都認為是後者，蘇格拉底於是反問：「那麼為什麼我們

> 民主的重點在過程，只有充分的教育和啟蒙，才可能產生良好的效果。換言之，民主是辛苦的、緩步墊高，低頭耕耘才會結出果實。

會認為隨便任何一個公民就可以決定國家最好的領袖？」

蘇格拉底認為投票行為是一種技術、一道程序，正如同所有的技術養成，都需要一套完整的系統來教學訓練，而非仰賴隨機的直覺。如果讓沒有受教育的公民任意隨機的投票，就如同將一艘暴風雨中的三桅大帆船，交給他們操控一樣，完全不負責任。當年有一個富有的野心家，鼓吹希臘出兵攻打西西里島，造成雅典受害甚深，民主成為「煽動家」的舞台，因此，蘇格拉底對民主採取比較嚴格的標準，主張只有受過良好教養、對議題曾有理性深思的人，才勉強有資格投票。這種古典想法，當然和現今的民主觀念相違背。現今講求天賦人權、票票等值，意即任一公民都有投票權，這個權利和一個人有無思辨力或是理性而智慧的判斷力，完全無關。但也使得民主變成煽動家操弄的棋局，變質為庸眾的遊戲，投票成為不問原委的盲目行為，過度朝民粹傾斜，最終傷害了民主，造成民主的不斷貶值。

「自律與思辨」兩者，可說是現今公民的基本素養，更是十八歲準公民在中學時期就需要裝備的功課。如果他們根本毫無駕船的訓練準備，我們如何將國家的帆船交給他們？如何期待他們可以安渡未知的黑夜與凶險的暴風雨？

思辨「噪音」，追求最後的美麗石頭

人心危脆，有時候比想像的更易於與黑暗妥協，一念之間，瞬間翻轉，如落入滑坡，這也是民主至今一直都有流弊產生的緣故，好比英國名作家路易士（C.S.Lewis）以《地獄來鴻》一書提醒世人要警醒小心，魔鬼是很聰明的，「通向地獄的道路就應該沒有急彎，沒有里程碑，沒有路標。看起來非常安全、輕鬆、柔軟，緩坡又緩坡……。」

文明的道路永遠不是輕鬆愉快的，從自律到思辨，它都要求人違逆簡單舒適的柔軟順坡，反而得像希臘神話中的薛西弗斯，使出全身力氣，揮汗如雨，將一塊巨石推上山頂，而每次到達山頂後，巨石又滾回山下，如此永無止境的重複下去，即使看似「永無盡頭而又徒勞無功」，仍必須堅定的逆勢而為。

一九八五年，蘋果創辦人賈伯斯一度被迫離開蘋果，就在這段落魄的時間，他接受了一家電視台的訪問，其中他特別談到一段兒時記憶：大約十來歲時，他們街上住著一位八十歲左右的獨居老人，看上去兇巴巴的。他知道賈伯斯是個對計算機著迷的孩子，而賈伯斯希望能為老人修剪草坪，賺取零用錢。有一天老人說：「到我車庫來，我給你看點東西。」他們到屋後撿了些很普通的石頭，倒進研磨罐，加上溶劑和沙礫。老人蓋好蓋子，開動機械，瞬間傳來了一陣又一陣刺耳的噪音，他對賈伯斯說：「你明天再來。」第二天賈伯斯又去了，老人打開罐子，他無比驚奇的看著打磨得異常圓潤美麗的石頭，昨天那些毫無光采的石頭都在一夕之間消失無蹤了。賈伯斯說道：「那些看上去普普通通的石頭，就像這樣互相磨擦著、碰撞著，發出噪音，在無數次的運轉磨練中，最終變成了光滑美麗的石頭。」

賈伯斯學到珍貴的一課：「我一直用這件事比喻竭盡全力工作的團隊。」正是通過團隊合作，通過這些精英相互的碰撞，在辯論、對抗、爭吵、合作之中，磨礪彼此的想法，才能創造出美麗的「石頭」。

這個經歷塑造他無論對人、對己求真求實、不假辭色的個性。所有蘋果的員工都知道，和賈伯斯開會時，他直來直往、不留情面，享受和同事之間互相詰辯，神經緊繃的論辯狀態。但是，如果某個想法一旦打動或說服了賈伯斯，他可以由原本咄咄逼人的態勢，立刻承認自己的錯誤。他說：「無論我原來的想法多麼頑固，只要反駁的人拿出可信的事實，五分鐘內我就會改變觀點。我不怕犯錯，我經常承認錯誤，沒什麼大不了的。」為了解決問題，賈伯斯不惜摧毀同事的自尊，一心為追求極致完美的解答，他認為真正的魔法，是用五千個點子磨出一個產品。

老師的限制：綁在固定的跑道賽跑

這個小故事體現了思考歷程的種種代價，針對一個主題的琢磨、敲打、撞擊，發出不悅耳、也不動聽的雜音，這個過程可能漫長無光，可能失敗無助，但唯一的信仰是那顆看似忽然豹變的美石。試想如果一家企業或組織，只存在著「一言堂」的文化，只有賈伯斯一人專斷獨行，只有一種聲音，完全表面的和諧，缺少對抗、爭吵、合作、相互打磨、砥礪的過程，今天的蘋果公司會有如此精采的發展嗎？

在這樣的前提下，回到現今教育的現場，一直以來，台灣的學校教育非常重視考試，尤其是執著於「標準答案」的筆試。我相信所有人都會同意：「一有標準答案，學生就立刻停止思考。」釘死了這道頑固的標準尺，就限制了腦袋，學生不敢大膽越界想像，這是我們教育上一種莫大的失落與失職。

當然，這是結構的問題，深究其原因，我們不得不承認，其實部分老師本身也沒有能力跳脫框架，只求一份安定的鐵飯碗工作，不具備反思、質疑與思辨的能力，甚至包括老師的老師也是如此。因為在過去如此長的歲月裡，所有的老師都在這種標準答案的歷練中成長，結構不斷複製，他們其實也是上一代教育的受害者，結果就是我們整個教育，都自限於英國管理學大師韓第（Charles Handy）提到的「在別人劃定的跑道上比賽」：

「我求學時是個書呆子，通常表現優異，名列前茅，經常拿第一，有一次成績退步，落入第四名，我感覺糟透了……回首那時，為何甘於讓別人用比賽成績衡量

我，我必須和對手競爭，由老師挑選跑道，而不是出於自己的選擇。」（摘錄自韓第《你是誰，比你做什麼更重要》頁一〇四）

我很贊同韓第的想法，教育要往後看二十年，再回頭來重新定位現在，我們的腳步實在太遲了。如今，網路上太多的資訊及課程，已經慢慢取代部分老師的角色；很多標準答案，輕觸幾個手機鍵都查得到，業界也有太多的知識早已超越學校所能提供。學習大環境如此改變，老師必須自我警覺，與時俱進，如果沒有能力跳脫這個「別人劃定的跑道」，沒有能力帶領學生討論與論述，就不會有思辨力的學生，也不會有求真講理的選民，無法成為社會進步的動能。

老師必須自我警覺，與時俱進，如果沒有能力跳脫「別人劃定的跑道」，沒有能力帶領學生討論與論述，就不會有思辨力的學生，也不會有求真講理的選民，無法成為社會進步的動能。

不以別人的腦子為腦子，不用別人的眼睛為眼睛

如果我們要為未來而教，教育一定要有所不同。台灣必須要有警覺心，不能再用三十年前廣設大學的寬鬆尺度來看待教育。我們看到歐美國家的考試中以申論題為大宗，學生只要經過縝密的思考、詳盡論述、合乎邏輯、見解獨到，即使和老師的意見完全相左，仍然被看重，甚至鼓勵這樣的「異見」。教育者最欣喜的是，看到一顆求真的心，展現旺盛懷疑的求知精神，而不甘於做學舌的鸚鵡。

早在一百多年前，法國高中即開始將哲學導入教育，以「培養獨立判斷能力的公民」與「解放人們思想自由」這兩個原則，孕育著一代代的法國人。民初學者胡適曾告誡北大學生獨立思考的重要：「獨立要不盲從，不受欺騙，不依傍門戶，不依賴別人，不用別人耳朵為耳朵，不以別人的腦子為腦子，不用別人的眼睛為眼睛，這就是獨立的精神，學校當然給你們自由，獨立是靠你們自己去爭取的。」凡事要過腦子，抱持著質疑與求真的能力，左右腦互搏、正反論相抗、前後文考核，才能培養批判性思考能力，不再受政治扭曲的宣傳蠱惑，將其中的魅惑、顛狂與迷亂，統統以冷靜的理性加以破解，不再受其駕馭，我們必須要靠有思辨能

力的自律選民，去修正民主的錯誤。

一燈照隅，萬燈照國

從巨觀到微觀，原始反終來看，從整體性的普羅一般「國民」，進展到能夠選舉出優質政府的「選民」，再到可以監督執行選民意志的「領導者」，乃至於以更恢宏的高度盱衡國家未來發展的方向，這些都和教育有關，「教育」最終決定了一個國家的格局。

民主的核心要旨不在於一時為之的投票行為，而在背後長期醞釀的普及教育、發達資訊、理性開明社會，以及公民活躍的思辨力。理性是文明的端點，一個成熟的社會要有自我修正、自我進化的能力，「公民教育」應該是第一優先的教育核心，而且不單單是有思辨力的台灣公民，更要培養出具有普世價值的「世界公民」。

京都嵐山火車站內掛著一副對聯：「一燈照隅，萬燈照國。」每個人都是國家的照亮者，都有各自可以照亮的黑暗角落，點亮一盞燈，便有一盞燈的價值。當所有人開始意識到自己的光芒，扮演好公民的角色時，這個國家也將逐漸綻放文明的光。

關鍵思考

「自律與思辨」兩者，可說是現今公民的基本素養，更是十八歲準公民在中學時期就需要裝備的功課。如果他們根本毫無駕船的訓練準備，我們如何將國家的帆船交給他們？如何期待他們可以安渡未知的黑夜與凶險的暴風雨？我們必須要靠有思辨能力的自律選民，去修正民主的錯誤。「教育」最終決定了一個國家的格局。而民主的核心要旨不在於一時為之的投票行為，在背後長期醞釀的普及教育、發達資訊、理性開明社會，以及公民活躍的思辨力。理性是文明的端點，一個成熟的社會要有自我修正、自我進化的能力，「公民教育」應該是第一優先的教育核心，而且不單單是有思辨力的台灣公民，更要培養出具有普世價值的「世界公民」。

Chapter
12

人停下來，才是生活的開啟

面對十八歲前的公民準備，關鍵的高中教育應該做到前章所論及「做人」的基本能力，也就是「自律」與「思辨」，這一章則要談「生活」和「做事」的能力。

二〇二〇年七月，均一國際教育實驗學校高二生演出了英文音樂劇「異形奇花」，連續兩天三場，在可容納三百五十人的均一藝文中心登場，師生、家長和校外貴賓都齊聚觀賞。其中第二場堪稱媲美「可賣票」的水準，但吸睛的若只是舞台魅力和春青活力，那均一的藝術課程或許不值得一提。

一齣高中歌舞音樂劇的啟示

「一株會吃人的怪花，撩撥人心深處最邪惡的貪欲……」成為二〇二〇年夏天均一高中生之間最熱門的話題。「異形奇花」原來有個更廣為人知的名字「恐怖小店」（Little Shop of Horrors），至今仍是紐約百老匯的長青之作，八〇年代也曾被改編為電影。這朵花肥滿鮮麗，一張血盆大口，散發妖嬈氣息，是人內心貪欲的具體形象化：牠給你榮耀，給你成長，給你金錢，給你愛情，但最後也摧毀掉你。在觀賞他們演出的同時，我和很多老師、家長都感動不已，好幾回都眼眶泛紅。

這次的公演是均一課程的一次整體呈現，兩年前，均一高中部希望走在一〇八課綱前面，因而發展出「創意學群」課程（包括當代藝術、國際餐飲、綠能建築），旨在透過自我認識和實踐運用，培養學生「做人、生活、做事」的能力（而非專業技能）。其中，當代藝術是以最具綜合性的藝術型式——「戲劇」來開展。

其實七、八年前均一剛成立，我就想推行這種「戲劇式」的教育，但當時條件仍不成熟，創立之初，百廢待舉。這個夢想，經過好長的努力，終於在這一天實現了。為了演出這齣戲，他們從十年級到十一年級，預備了兩年。一個半小時全場以英文展演，一波又一波的轉折，讓觀眾沉浸在他們流暢自然的演出之中。這樣的水準，放在一般高中都不容易，何況是像我們這種偏鄉學校，這些孩子自信的表現實在是太難能可貴了。

其實這些孩子從前年「獅子王」組曲，到去年「悲慘世界」的幾幕戲，已經開

均一的學生不僅全程以流暢的英文演出舞台劇，他們背後反覆練習的努力，無形中也培養了各方面的素養，最後更創造出他們獨有的自信。

始接觸戲劇演出。去年他們剛進高一，公益平台基金會就聘請了藝術課程顧問王琄，帶領業師群，給予每週四小時專業的戲劇藝術指導，這個戲劇旅程始於思辨，接以文學理解、個人創作、編劇，最後才是演出。

戲劇關乎節奏與時間掌控，初期英文課老師一邊帶著學生賞析文本，一邊指導發音，道具組、服裝組和老師合作製作所有的道具和服裝；導演組的兩位助理同學則觀察排戲，幫導演記錄各種走位、分場……。學生在這之中學到了燈控、音控、換景、移動小道具、在定點快速更換服裝，每一個小動作都得對上節奏，不能忽視或忘記。

學生也慢慢適應由短到長、由簡單到複雜的表演，演技也從一開始的生澀到後面的收放自如。舞台上，每一刻都必須從容而自信，大家真真實實體會到，所有環節都是每個人的事。如果台上展現的是一%，他們背後反覆練習的努力就是九九%。而且在這些方方面面的磨練中，無形中長出了各種素養，最後更創造出他們獨有的自信。

課本學不到的執著與熱情

好幾回，我目睹他們在校園的一角練習，老師將劇本拆成各部分的小動作，從英文的發音、咬字、唱腔、情緒、表情到肢體熟練度，再到舞台上的對詞、姿勢、走位、面對觀眾。這些練習以外，同時還要融入歌唱、舞蹈、布景變換等等。各種戲劇元素逐一融合、串聯，才能完成這麼盛大的演出，綻放出他們的光采。

而且，這次演出的最大特色是，國際餐飲組的同學負責製作點心飲品招待觀眾，而綠能建築組的高二同學經過兩年的學習，首次擔綱舞台設計與製作。他們看似沒有演戲，更不會在舞台上露臉，但卻以他們的作品參與了演出。隨劇情快速轉換的場景布置、奇花盆栽底部巧妙躲人的空間、斑駁破敗的牆面、演員們談心和出場換景的白色樓梯，無數的小細節，都可以感受到學生們精湛的巧思。

「綠能建築組」的同學除了這次舞台的設計，還包辦了學校露天舞台、遮雨棚的設計與施工。完成這三個計畫之後，最教我感動的是，學期結束，大家都放暑假時，他們還欲罷不能，自願為學校的輔導室製作兩座隔間，完完全全學以致用，而且充滿了執著與熱情。

「線下」教育的新可能

一想到均一的這群孩子，我的心總充滿難以言喻的情感與期許。他們的成長向我們展示了教育可以有的樣貌。如果這齣戲只是板著臉孔，平鋪直敘說出「人很貪心，所以很慘」的道德故事，根本無法打動人心。一齣有內涵的戲，不僅總合了音樂、舞蹈、戲劇、美術，還需要將這一切元素串聯起來的文學，這正是人文素養的示範體現，透過一齣戲劇完成了教育的各種面向。

戲劇是一門綜合藝術，涉及音樂、舞蹈、美學、情感、閱讀（文本）、思辨、表達、創意、社會關懷、道德、領導、自信等等，戲劇教育在西方也被視為全人教育。孩子們透過戲劇盡情演出自我，不僅能認識自己、接納自己、勇敢超越自己，也深刻經歷團隊合作，讓藝術成為一輩子的養分。

均一綠能建築組的同學除了在舞台劇公演時協助舞台設計，學校的露天舞台、遮雨棚等設計和施工，也都是由他們一手包辦，不僅學以致用，也展現了高度的學習熱情。

「異形奇花」是一個象徵，表面上歡樂、荒誕、滑稽、恐怖，但骨子裡涵攝了各種教育意涵，人生一直會有各種心魔來擾動我們，誘惑也會幻化成各種美麗的糖衣，等待人們心甘情願被它吞噬。因此，在演出或觀劇之後，往往會帶來深刻的自省，英諺中有句話說：「Do not compare your inside with somebody's outside.」人永遠都有兩個自己：一部分的你是善的，一部分的你是惡的、貪婪的。沒有節制的欲望是人的黑暗面，最終要付出代價。

孩子們在整個排練與演出的過程中，能穿透角色性格，領悟戲劇底層的思想內涵，成為他們一輩子難忘的體悟。人必須要學會約束自己，制止內在的邪惡，努力發揮善的一面。他們也將儲備強韌的反思能力，將來碰到任何誘因或挫折、逆境時，或許會想起這齣戲，心中存有一把警示的尺，在自我的思辨中，做出更好的抉擇。

有價值的做事能力：ＡＩ取代不了人的感覺與溫度

為什麼我們這麼看重這些非傳統學科領域的學習？十多年前，當大家還在談傳統教學時，我談「線上學習」，這是因應偏鄉學校教育不均，有一個新工具，可以不斷重複教會孩子；但是現在大家談線上教育時，我又強調著重「線下」。孩子藉由戲劇的演出，不僅可以擺脫對「電子產品」的依賴性，不再被網路資訊所左右，他們也能自然而然學習到做人的道理、生活與美學的素養，以及做事的能力。

未來的世界，機器運算能力快，技術高超，良率齊一，ＡＩ最容易取代的工作就是單一重複性的工作。而且不只有裝配線、流水線這類工作，還包括中、高階的工程師。未來在強大演算法支配下，這些工程師不過是薪水好一點的工人而已。人與機器不同，人是有感情、有思想的動物，有品味生活的能力，ＡＩ則否。從生活面來說，機器停了，就冷了；而人停下來，才是生活的開啟。「生活」元素則滙集了音樂、舞蹈、戲劇、美術、文學、體育、餐旅、溝通、綠能建築、與大自然相處等，未來無法確知哪些工作會留下來，哪些會被取代？但可以確定的是，唯一不能被取代的是有溫度的、人性化的工作。

我經常提到：「你有技術只是技師，你有學術可以變工程師，但是你如果不懂得美學品味，永遠不可能變成賈伯斯。」賈伯斯是科技、美學生活以及靜修體驗的集大成者，也因此創造出了現在的蘋果公司。那些只有單一技能的工程師未來將處境堪慮；而傳統師徒制培養出的「匠」，也已經不足以支撐未來，必須跨領域的學習，才能走向「藝」。未來，即使一個水電工也要懂得美學，要會看設計圖之外，還要對顏色、美學有基礎的觀念，才不會被機器人取代。

未來的教育一定要先談「做人」、「生活」的能力，再談如何做事與就業，我推動均一的教育核心精神便是：「做人↓生活↓做事」，這三者的先後順序不能改換。如果做事放在生活之前，不懂生活，就會變成死板、狹隘、照章辦事的員工。過去我們的教育體系，培養出很多會考試的精英模範生，領導我們的社會，但這幾年我們看到，這些人不僅欠缺素養、沒有品味，更不懂生活，做人與生活都不及格，自然也欠缺做事的能力。

教育不是主修，而是使命

面對二十一世紀翻天覆地的巨變，西方歷史悠久的老牌大學早已打破學系思維，開始推動「學程」優先，不論其名稱是「Concentration」，如哈佛，或是「Course」，如劍橋，或是史丹佛的「Major」，都著重跨系的整合串流，學生不必申請進入單一科系，而要進入一項「學程」，最後以學程（非科系）的學位畢業。其中，臨近矽谷的史丹佛大學更於五、六年前就開始發起「史丹佛２０２５」計畫（Stanford 2025），走在大學教育改革之先。

只有單一技能的工程師未來將處境堪慮；而傳統師徒制培養出的「匠」，也已經不足以支撐未來，必須跨領域的學習，才能走向「藝」。未來，即使一個水電工也要懂得美學，要會看設計圖之外，還要對顏色、美學有基礎的觀念，才不會被機器人取代。

之所以這麼急迫，是因為他們早就預見到ＡＩ時代來臨，人類社會走到二〇三〇年時，將有四〇%到六〇%的工作可能會被自動化機器取代。因此，每一位大學畢業生，不能再靠單一能力闖天下，競爭者也不再只是其他同世代的年輕人，而是一堆搭載著演算法的聰明機器人，將會經歷一次嚴峻的工作大洗牌。

因此，改革勢在必行，只有跨領域的學習，才是未來唯一的生存之道。「史丹佛２０２５」經過長時間的討論，最後聚焦在四個核心概念：開放環型大學（Open Loop University）、彈性教育歷程（Paced Education）、翻轉軸心（Axis Flip）、目的型學習（Purpose Learning）。藉以預想未來三十年的劇烈變化，從現在開始培育未來所需的人才。

未來的史丹佛大學不再走直線型態的四年制，將允許學生在六年之中，根據自己學習的節奏和生涯的彈性，反覆進出學校、工作場域、地區或國家，進行學習、體驗、運用、修正、再學習的過程，將大學歷程切分成好幾段，成為一種開放式的環狀迴圈。而這六年大學生涯又從粗廣到精細分為三個階段。首先是「校準階段」（calibrate），六到十八個月，讓學生盡情徜徉在各種入門課程，求其廣博；接下來是「提升階段」（elevate），花一年或一年半，找到自己的天賦與最擅長的領域，持續專精。最後一個階段是活化階段（activate），學生可以用一年到一年半時間驗證知識，將所學知識帶到業界印證，不管是看到自己的弱點，還是提升自己的優勢，能力得大於知識，素養需優先於分數，每個學習都必須有目標，而且要為終身學習打下基礎。

為了因應這些制度的根本革新，史丹佛勢必得打破系所界線，「翻轉軸心」，整合各領域教授，建立數個「能力」中心，包括科學分析、量化推論、社會批判、道德推論、美學解讀、創意、有效溝通，每一個中心都有一位院長，形成一個學習基地。而且屆時「同屆」同學的概念也將消失，而是在各中心聚合各種年齡和經驗的學生，彼此深化視野，激盪各種可能的化學變化。

史丹佛大學努力革自己的命，大學不再是孤芳自賞的象牙塔，成為幫助年輕人達成實踐使命的助力。學生也不再強調自己的「主修」，而是強調「使命」，在這六年之中不斷的扣問自己：「我的所學對世界有什麼貢獻？」、「我的行動策略是什麼？」從 major 到 mission，沒有標準答案，只有自己的問題意識，才會不斷努力獻身其中。

受到史丹佛教育創新的啟發，台大也成立了「創新設計學院」（D-School@NTU），成大也開始推行「運算學院與X學院」，同樣是提倡跨領域學習，讓學生有更多選課的自由，且以專案做為評量畢業的標準，只是我們改革的腳步還是太慢，遠遠不夠。

「瀑布模式」早已過時

工業革命後，很長一段時間，主流的培育人才方式大抵不脫所謂的「瀑布理論」，也就是一個人先完成教育及培訓，好比念了大學、研究所，可能外加職業訓練等一整套完備的歷程，之後下一階段再進入「職場」，在工作場域努力幾十年，最終退離休息。整個歷程切割劃分得非常明確，每個人如瀑布的水滴，由上往下流動，不會再迴流。如今這個傳統的模式，完全失靈，「史丹佛２０２５」的宗旨，正好在於拋棄這種生產線似的瀑布模型，追求更大的彈性和開放性，以符合未來人類社會發展的現況。

英國管理學大師韓第在《你是誰，比你做什麼更重要》一書中也指出：「我不相信『庫存式的學習』，許多人以為可以從老師那裡學到畢生所需要的知識，把學的東西儲存在腦子裡，需要時再提取出來用，這是行不通的……必須先體驗再學習，試想一個幼兒如何學習？我們其實也是一樣，學校把順序弄反了，所以大半時間無法奏效。」

大學不再是孤芳自賞的象牙塔，成為幫助年輕人達成實踐使命的助力。學生也不再強調自己的「主修」，而是強調「使命」，不斷的扣問自己：「我的所學對世界有什麼貢獻？」、「我的行動策略是什麼？」從 major 到 mission，沒有標準答案，只有自己的問題意識，才會不斷努力獻身其中。

我自己經歷的教育就是如此，我的在校成績很差，高中有些課程幾乎無法專心聽課，但出社會之後，我的學習能力不差，上進心也從不示弱，我自覺使命感比那些死讀書的人強，好比我曾擔任樂隊隊長，實際學習到領導的實務。因為使命，我看到目的與意義，激發了我的學習欲望、不斷往前的意志……，事後證明我用這一生走上一條人煙罕至的路。

很早之前，彼得．杜拉克就曾指出：「三十年後，大學教育將會變成廢墟。」在現今科技進展，學習方式發生革命性變革的此時，這個時間恐怕要再提早了。然而，台灣各大學仍然普遍停滯在五十年前的樣態：老師教法不變、課程不變，考試不變，而整個培養和訓練老師的體制和政策方法也都沒有改變。本位主義盛行，習慣於各自為政，學系之間壁壘分明，「科系」的門戶之見牢固，課程更是墨守成規，教授間不僅不太往來，跨系的合作與協力更是少見。然而，象牙塔裡做出完美的學術研究，脫離了世界發展的現況，這種「庫存式」知識意義有可能被稀釋、淡化，成為空洞的堆砌。「學歷」無法真正改變學生的未來，更無法讓年輕族群具備迎接未來世界快速變動的能力，何論更大的使命感。

從傾聽開始，了解每個孩子的獨特性

看到近來許多精英大學的學生，陸陸續續傳來自殘的消息，實在讓人非常心痛。過去幾年，我們積極推動「傾聽者計畫」，目的便在於防治青少年的憂鬱症。

一般來說，輔導學生有三個不同層次，第一個是家長、導師的層次；第二是學校輔導室老師的協助；第三是求助於醫院的專業醫師。孩子若遭遇到身心狀況時，第一線的家長、老師往往訓練不足，只能寄望學校的輔導老師。但是，實際上，中學和大學輔導人力皆嚴重不足。台大雖然已經有好幾十個輔導員，但是輔導時間一公布出來，幾乎都是「秒殺」，目前恐怕補充再多的輔導員仍然緩不濟急，而且需要幫助的學生，好不容易排到時段，通常也只有五十分鐘，仍然無法排遣內心厚重的鬱結，最後仍要尋求專業醫生的協助。然而，往往在這漫長的煎熬過程中，可能發生無法挽救的憾事。

當然孩子罹患憂鬱症的原因很多，包括壓力挫折、同儕因素、感情問題……，而輔導室老師要照顧的學生太多，很難一對一深入關懷，問題不只是增加輔導室的人力，我們必須把防線往前推到第一線，也就是每天跟孩子接觸的家長、導師或同儕。曾有大學教授建議，將導師經費挪給心輔中心，但能拉住站上死亡線者，通常不是心輔人員，而是身邊朝夕相處的同學及信任的師長。

愈是把輔導工作變成冗長複雜的專業訓練過程，學習門檻就變成更困難，也無法達到普及的效果，因此，我們認為應該讓師生都成為有能力接住危險心靈的安全網，學習如何第一時間「覺察」，不強做建議或評斷的「傾聽」、真誠耐心的「分擔」，著手補強全民的心理衛生知識，讓每個人都可能成為即時的「心靈捕手」，堅定不移的傳達出「我在你身旁」的訊息，才是最重要的良方。

職涯規劃在教育中被忽略

輔導室嚴格來說具有三項功能：心理輔導、問題探討及職涯規劃，但是沒有做得很到位，尤其是「職涯規劃」。老師本身對於外面的職場有多少工作、需要哪些人才，了解可能有限，更欠缺這類磨合能力。於是衍生了下一個問題：家長用單一的目標期許孩子，孩子也用單一的目標設定（或限定）自己的未來。長此以往，學校只是在重複培養一些死讀書的考試機器，這種「望向一個方向、大家齊步走」的壓力，成為孩子抑鬱無歡，提早對人生失望的原因，而在精英學校又特別嚴重，台北明星高中一位導師在接連兩個孩子自殺之後，感嘆的說：「我現在嚇壞了，根本不敢再做導師。」

然而，在升學考試的重壓之下，又該如何讓孩子及早針對自己的個性、特質找到最適合的發展空間？這些其實都大大超越了一般家長和老師的能力範圍，再加上現今日新月異的科技發展，如何讓孩子發揮自己的潛能、找到生命的意義、建構使命感，更是每一位教育工作者與父母都要積極學習的大功課。

唯一可以著手的方法是：家長必須先觀察孩子的屬性，有些是動手型的，有些是動腦型的，有些是兩者兼備，有些則善於與人溝通，有些喜歡孤獨、傾向內省型人格。每個孩子都有不同的天賦，也有後天養成的個性與習慣。面對未來的競爭，家長不能再用「照後鏡」看孩子的未來，必須努力跳脫自己的經驗值，盡可能扮演一盞「探照燈」，照亮孩子迷茫的前途。

而老師們必須對「人類未來工作型態」有更寬闊的理解，能協助不同個性的孩子走向適合發展的職涯路徑，並以建議取代說服，幫助孩子發展興趣以外，也懂得「厚植實力」的重要性。這些都不是一蹴可幾，而要經過幾次周折，才能讓孩子長出自信與自尊，飛向屬於自己的天空，展翅翱翔。

從興趣中建立真正的自信，找到自我價值

人生本來就是多元而豐富的，千萬不要用單一的目標做為孩子唯一的方向。當我們把孩子只歸類成一個方向思考，就易產生偏狹與危險。我們社會長久以來被一種積習已久的思考慣性所制約，總認為理科成績好的孩子，就應該讀醫學院，家長千萬不要把會考試的孩子歸類為醫師人才，因為醫生是非常辛苦的工作，除了必須有大量基礎醫學的能力與訓練，還要懷抱同理心，懂得與人溝通，眼神能夠與人交流，而不是只會死讀書的醫生。如果只會死學硬記，這樣的醫生將來可能會被機器人所取代。

如果對人際互動興趣不高，就不要走臨床，而要選擇病理研究，本著對抽象知識的熱情與恆毅力，支撐自己在失敗中尋找答案，在複雜萬端的線索中理出解方。而醫學院的教授在收醫學院的學生時，也不要只用考試做為唯一評量標準，成績稍差，但充滿熱忱和使命感的孩子走向醫學之路，反而更有可能變成一個好醫師。

同樣的情形，喜歡電機的孩子，不代表只能當工程師，除了研發，一樣可以成為行銷業務員；行銷業務除了掌握專業知識以外，同時也要懂得顧客心理與溝通技巧。孩子若是喜歡藝術，可以試著引導他往適合的方向發展。然而喜歡繪畫，技巧只是最初步開始的目標，若只限於技巧的追求，最多也只能成為畫匠；如果有更多想像的空間，能夠創造自己的語彙風格，就能晉升為畫師；然而只有嘗盡人生酸甜苦辣，體會藝術言語道斷深奧之處的人，才可能創作出有內容、有故事、有感染力的作品。

藝術家江賢二老師曾經說過，藝術家不要太早出售自己的作品，應該先去打工，做繪畫以外的事，把繪畫純粹視為志業來修練。因為一旦開始販售作品，可能因為市場的需求和導向，慢慢抹殺自己的風格。能夠熬過寂寞辛苦的生活，累積生活的歷練以後，作品將有截然不同的精神性。

先學做人，再學生活和做事的能力

然而，不論孩子有什麼個性或能力，在生涯發展的過程中，絕對都會撞到一堵隱形的「天花板」。有些孩子可能可以一步到位；有些孩子只能達到中庸位置，有的甚至費盡心力仍無法有所突破。社會本來就是一個金字塔，需要頂尖的人才，但基礎的人才卻也不可少。我們要鼓舞孩子們，將來不論身處哪個階層，最終都能找到生命的價值、使命感和真心所愛。

而且一個人不管做什麼工作、往哪種方向發展，不論是總統、教授、木匠或清潔工，都沒有高下之分。但是有一件事情一定可以決定一個人的價值，那就是「做人的能力」，也就是擁有自律、思辨力、良好的待人處事態度，並且對於良善正義能有所堅持。在這個基礎上再談及「生活的能力」，在學生時代就積極培養音樂、舞蹈、戲劇、文學、美術、體育、國際餐飲、綠能建築、山海體驗等基本素

均一的生命探索課程意在培養孩子生活的能力，強調孩子在學會做人之後，也必須學會生活和做事的能力，將來出社會方能成為獨立自主的個體。

養，一方面既能豐富自己的生活，一方面也能在培養這些能力的過程中，探索自己未來工作的方向，鋪陳將來進入社會職涯的「做事的能力」。

我年輕時當傳達，自尊與熱情讓我成為有使命感的傳達；做業務時，又提升了我與人接觸的能力；當上國際領隊時，以為我已經達到了我生命中的頂峰，沒想到後面一連串的工作更加的精采，我其實都不是為了職位、待遇，而是將之視為生命的「奇蹟」。它帶領我能夠看到更廣的世界，可以為公司、社會、國家做更多的事情，即使到了「從心所欲而不逾矩」的年齡，這種使命感仍然一直驅使著我，也大大的豐富了我的人生。

而今，我已經七十多歲還充滿熱忱，看到孩子走上絕路，我心裡有很大的不捨，十幾歲的孩子怎麼會還沒有面對人生，就已經放棄生命？這些年我不斷努力，為的就是希望能為社會帶來一點改變，有人說，未來的青年只占二〇%的人口，但卻決定我們百分之百的未來。因此，真正的教育要做到的是，在任何時間、任何地點，都可以指引青年一條精采的自我實現道路，這也是我認為台灣要邁向永續一定要走的文明之路。

延伸閱讀

《異形奇花》的故事圍繞在美國下城區的一間小小花店，主角是有著孤兒身世的西摩（Seymour），他被老闆穆希尼先生收留，充當花店店員。然而，在這種龍蛇混雜的地方開花店，可以預料生意慘澹，牆破磚缺，面臨倒閉邊緣。小店的命運，如同在下城區討生活的窮苦大眾，每天在黯淡無光的勞動生活中，巴望著有一天能逃出這裡，可是現實卻希望渺茫。

西摩個性溫和，面對強勢霸道的穆希尼，甚至有點懦弱，他的人生充滿著挫折、失意，笨手笨腳地經常出錯惹禍，像出氣包一樣，整天被老闆吼叫怒罵，唯有見到心儀的女同事奧黛莉（Audrey）的時候，才會放鬆心情，偷偷傾吐心事。

而奧黛莉其實已經名花有主，她的男友卻偏偏是個性格怪誕、變態暴力的牙醫，更是個不折不扣的大男人主義者，不只喜歡虐待病人，對奧黛莉也是一言不合就叱喝毆打，展示自己的優越感。私底下，奧黛莉和西摩其實互有好感，但她認定出身低賤配不上他，只能忍辱繼續和牙醫綁在一起。

在某個日全蝕的午後，西摩因緣巧合向一個中國商人買了一株來歷不明的植物，將它陳列在櫥窗展示，竟然意外吸引大量顧客上門，花店生意莫名地愈來愈好。

西摩對這盆植物，愛護有加，傾力照顧，同時出於他對奧黛莉的移情作用，將它取名為「奧黛莉二世」。

有天，西摩在整理花店植物時，不慎被一枝莖梗上的尖刺刺傷了，血滴到奧黛莉二世之上。奇怪的事情來了，原本小小的花苞，居然開始膨脹變大，開出帶有人臉的花朵，甚至有自己的意志與想法，之後更開始說話。西摩發現這朵奇花居然需要鮮血才能夠存活下去，只好每天割手指滴血餵它，然而卻也逐日養大它的胃口。它舞動如章魚似的長長藤蔓手臂，搖晃肥滿的身軀，張開巨大的花瓣，以威嚇的語氣唱著：「餵我！快點餵我！我要更多肉，帶血的肉，快點，餵食我人血、人肉，我就會滿足你的願望。」甚至誘惑西摩說，可以想辦法除掉牙醫，讓他得到暗戀已久的心上人……。它慫恿西摩去殺牙醫來餵他，但是老實的西摩並沒動手。可是牙醫卻在一次診治病患時，吸入太多麻醉用的「笑氣」意外身亡，西摩將牙醫拖去肢解，一塊塊滴血的屍體，讓奇花歡快地大飽口福。

之後，花店生意更加如中日天，名利雙收之際，西摩發現這株奇花胃口已經大到完全不受控制了，它已經變成了「牠」。而意外得知殺人祕密的老闆穆希尼，想趁機威脅西摩讓出「奧黛莉二世」，獨享收益，結果自己卻在爭奪中不慎反而落入牠的口中。這株奇花已經魔化為「異形」，最後，萬念俱灰的奧黛莉也因為深愛西摩，自願獻身，走進了花的懷抱……。

傳統歌舞片歌詠的是逆境中樂觀進取的精神、有夢最美的價值，高潮總是小人物歷經千辛萬苦，將心中的理想實現的那一刻。然而，這齣《異形奇花》卻是異數，它集世俗、血腥、變態於一身，結局並不光明，留下更多令人省思的空間。直到今天仍有很多人視之為偉大的邪典。

第五部

Part 5

大國對立下台灣唯一的路

文明是人類共同追求的目標，
我們對台灣的軟實力要有信心，
堅持普世價值，
堅持民主、自由、法治、人權，
這是我們文明所繫的價值，
希望人類走向一個更文明、自由、安康的社會。

Chapter 13

與人為善的小國之道

不要下成死棋

一九九七年年底，受海基會董事長辜振甫先生之託，我以借調的方式，出任圓山飯店總經理，在那一年半的時間裡，我與董事長辜老之間建立了深厚的情誼。他即使這麼忙碌，每週五仍固定撥出時間與我開會。說是開會，其實也不盡然，因為通常十分鐘之內所有工作重點就報告完畢，辜老幾乎完全不多質疑，剩下的時間，往往聆聽辜老分享智慧之言，從文化、戲曲、到政治與兩岸關係，無一不談。

讓我印象最深刻的是，有一回正逢他結束第二次上海辜汪會談，他分享了會議中的一段插曲：會談中雙方幕僚立場不同，往往會因為一些法律字眼，各持己見，僵持不下，眼看會議很難取得共識，於是藉一次只有他與汪道涵先生兩人難得獨處的機會，他特別向汪先生進言。他說：「汪老，兩岸的統一與否，在你我有生之年應該是看不到了，但是我倆都要切記一點，就是我們一定不能把這盤棋下成死棋，可得讓後面的人還能走下去。」

如今細細回想這個小故事，我更加覺得，不管兩岸之間有多大的爭執、異見都沒有關係，我們應該堅守一個原則：「給彼此都留後路。」對比現在的政治人物，動不動就想「將」對方一「軍」的做法，這個小插曲教我不得不佩服辜先生的智慧與遠見。

台灣也可以感動你

無可否認的，台灣就是大國之間的「棋子」，我們必須認清自己是棋子，努力當個難以拋棄的棋子，而且每一次出手都要步步為營、臨深履薄。有智慧的領導人有義務讓國民體認這些嚴峻的現實，態度也必須更為謙卑，將兩岸之間的衝突、對抗的議題放得愈後面愈好，同時必須採取刻意為之的「戰略性模糊」。到底兩岸從自由、民主、法治、人權及價值觀，雙方都還有無法立刻克服的挑戰，在進行國際外交時，也千萬要記得「與人為善」，絕「不與人為敵」，這是我們做為一個小國，必須有的態度。

一九七一年十月，我們被迫退出參與創立的聯合國。之後台灣在國際上變得孤立無援，沒有任何政治管道可以和國際社會對話交流與互動。後來我發現觀光旅遊是跟外國人交朋友的最好機會，豈不也是無外交的外交。

在美國運通那幾年，給我很好的機會去國際歷練，大開了眼界。後來經營亞都飯店時，我因為觀察到台灣漸漸崛起的國際商務旅客，於是在規劃飯店時，將其設定為純商務的國際飯店。亞都的地點雖然不好，但由於過去在國際公司工作的經驗，讓我看到這些商務客要去日本時可以住在帝國飯店或大倉飯店，去香港時可以住在半島酒店、文華酒店，到泰國時則住在世界第一流的東方文華酒店，可是一來到台灣卻只能降低期待，住進幾乎八〇%以觀光客為主的台灣本土飯店。

於是我反向思考，放棄當時重度依賴觀光客的經營型態，了解國際商務客的需求，不接受團體，廣納世界一流的廚師和管理階層的國際人才，反而因此讓他們被台灣感動。那時，為了真正滿足國際商務客的期待，我拉大高度，一口氣引進了三位法國名廚，將正宗的法式料理導入台灣，在亞都設立了提供純正高級法國料理的「巴黎廳一九三〇」，以及全天候鄉村料理的「巴賽麗廳」，此外從總經理、前台經理、餐廳經理到行銷業務部門，幾乎都是清一色聘用國際專業人才。另外，我也在全球招聘，將洛桑餐旅學院等海外歐美名校的台灣畢業生大舉邀請回台。這在當年不僅是創舉，至今也少見此種格局。如此的用心，就是要讓外國商務客知道，來台灣住宿的標準不會打折扣，他們也會因此被台灣深深感動。

賭氣不如爭氣

八〇年代時，我認為台灣必須擺脫政治羈絆，用觀光與文化和世界做朋友，讓台灣被看見。於是我分頭拜訪各大國際飯店、航空公司及旅行社的夥伴，向他們說明，在台灣我們或許是競爭者，但離開台灣，我們都有一個共同的使命，就是讓更多人認識台灣，只有更多人願意注意到台灣，才有機會來台灣，做為旅館、航空公司、旅行社業者的我們，也才有生存的機會。

當得到大家的共識後，我開始有計畫的規劃到世界各地旅展推廣活動，然而，如果只是自我宣傳，效果有限，所以我開始整合台灣當時各種文化團體，從中華

嚴長壽接手亞都飯店時，除了廣納世界一流的廚師和管理階層的國際人才，也同時招募台灣本地及海外的本國人才，加以培訓，並且有計畫的到世界各地參加旅展推廣活動，整合台灣當時各種文化團體，讓國際旅客被台灣深刻感動。

美食、故宮的複製名畫、國畫大師張杰現場揮毫、小西園的布袋戲到傳統捏麵人等等，各種令人驚艷的表演都成了我邀請的對象。

其實在我參加不同的國際組織經驗中，包括我在世界傑出旅館聯盟，最後被選為亞洲主席，都不是靠我的財富、旅館的大小、權力的多寡，也不是因為我的國家大小、公司規模，他們接受我的最大原因是，看到我的真誠，衷心為這個組織付出、謙卑軟性的溝通，以及多年深刻友好的情誼。甚至，在卸任多年之後，他們仍會由不同的國家、城市，大老遠分別來台北敘舊致意，這不是炫耀，而是我用真誠贏得他們內心的尊重。

台灣現在是否也應該要回到這個角色，跟國際做朋友，無論和兩岸或世界各國，都不談政治，不談對立，只談互惠互利、交友？這也是我一直在做的事情。我們要有堅強的自信，懷抱著「內斂優雅的氣質」，即使不要這些政治標籤，一樣在世界舞台有一席之地，台灣應該要具有這樣的身段，以智慧和彈性跟國際打交道。

有些事可以說，不能做；有些事可以做，不能說

有了前述這些經驗，我過去和其他國家來往，都是以不讓對方尷尬為原則，如果來台灣不方便，或是來台灣不能用正式名義，都沒有關係，最重要的是為對方設想。一九九六年我身為觀光協會會長，首度請來大陸觀光旅遊局「局長」何光暐，他來訪時，做了一件很有意思的事，他換掉原本政治頭銜的名片，改換成國家旅遊協會「會長」，放掉官方身分，以民間團體相見，這是一種身段的彈性。不只是他，當時所有大陸政府的官員皆有兩套名片。為了能跟我們交流往來，他們放下官方的面子，放低自己，就怕刺激我們。

那個時期，兩岸關係熱絡，大陸官員書記、地方首長為了吸引台商投資，可以堆滿笑容、低聲下氣的說：「只要你來（投資），我們可以彎腰為你繫鞋帶。」這種話聽到我們耳裡，有一種飄飄然的感覺。但是，如今角色易位，現在我們若想見到大陸官員或書記，大概沒有那麼簡單了，不久前，前立法院院長王金平準備率團赴中國參加「海峽論壇」，但央視一席「求和說」，讓整個事件一夕變調，把話說絕造成很大的傷害。

國與國之間、地方與地方之間、人與人之間，當然也包括兩岸之間的互動外交，就像是做朋友，應對進退之間，都有一條隱形的紅線，朋友說絕交，夫妻說離婚，是語言的禁忌。如果朋友一吵架就鬧絕交；夫妻一爭執就提離婚，那兩者關係必定不長久。

處理兩岸微妙關係，有些事情可以說，不能做；有些事情可以做，不能說。公開宣告「南進」政策，形同男女分手、夫妻離婚，關係將難以為繼。與人交往必須為別人留後路，例如，二〇二〇年的新冠肺炎疫情，台灣捐助口罩給其他國家，其實有沒有放上國旗並不重要，低調反而讓人感受到我們的誠懇，太過凸顯自己，只會徒然造成對方尷尬，引發不必要的麻煩與誤會。現在美國兩黨一致認為「中國威脅論」不容輕視，不論哪個黨上台、哪個人當總統，形勢都不會完全扭轉。形勢如此嚴峻，很多原本不該提出的事情，提出反而顯露我們的弱點；至於什麼事情可以說，哪些又應保持沉默，對這些分寸拿捏要有充分自覺。面對國際，尤其是兩岸如此敏感的關係，我們要培養這樣的教養，了解有些事「一說便俗」，這種退讓、謙卑，不是懦弱，而是為未來留餘地，這也是另一種文明的表現。

小國必須分散風險

兩岸兵戎相向，絕非大家樂見，站在永續生存之道的思考上，無論兩岸關係進展如何，台灣都必須要嚴格遵守「分散風險」的原則。任何經營企業的人也都曉得不要將雞蛋放在同一個籃子裡。

回顧一九八七年，當時我擔任在台灣舉辦的「青年總裁協會」（Young Presidents' Organization）亞太區大會主席，在一系列國際的演講嘉賓中，其中一位世界知名的管理學大師，曾提出一個奇妙的比喻，令我至今難忘。他指出，在台灣總統或韓國總統之間，他更樂於當台灣總統，原因是「晚上比較睡得著覺」。他的意思是，韓國當時經濟嚴重依賴幾家超大型企業，韓國的前十大財團就占了韓國GDP八〇%以上，而前五位的三星、現代汽車、LG、大宇、SK的年產值更占了韓國經濟的一半以上。萬一這其中有任何一、兩家企業倒閉，整個韓國經濟就會跛腳。當韓國總統大概會經常徹夜難眠。相對於此，當年台灣因為產業生命力強，前景看好，「可能每天起床就有一百多家公司倒掉，但是又可能有更多的企業冒出來，重要的是，可能根本不知道他們是誰。」所以當台灣總統不必擔心，可以高枕無憂。

可是二、三十年後的今天，情況似乎轉變了。二〇一九年，台積電市值超越三星，並在二〇二〇年持續擴大，穩坐全球第一的位置；台灣GDP成長率也連續四年超越韓國。二〇二〇年因為中美貿易戰，美國又更高度依賴亞洲製造晶片，台灣半導體實力也愈來愈在國際上顯出重要性，特別是晶片龍頭台積電，在奈米製程上獨家領先群雄，更被美方看重，台積電因此也被譽為「護國神山」，更有「矽盾」（Silicon Shield）之盛名，曾有分析師呼籲，美國必須全力保護台灣，因為美國承擔不起「將台灣輸給中國的風險」。中美台三方也因為這小小的晶片，產生了蝴蝶效應的巨大變化。台積電在十五年前僅占總市值的九％，二〇一九年年底，已提高至二二％，成長幅度驚人。但若扣除台積電後，其餘企業整體市值的複合成長率，今年數字更驚人，實際只有二％，台灣也面臨了「一個人的武林」局面。台積電及其所帶動的電子產業真的很了不起，但是，如果光靠一家公司拉抬台灣地位和支撐股市，其實是很危險的。但問題不在台積電太大，而是我們下一代的產業在哪裡？

台積電目前近九成五的生產工廠都放在台灣，但台灣終究是一個資源稀缺的小島，從土地、水電、再生能源到科技人才，總合全國資源，恐怕都不夠一個台積電用。我們舉一國之力支撐台積電，恐怕已經到達極限，況且如今全世界多少競爭對手準備將台積電打倒，不斷試圖挖牆角、搶人才、偷技術等等。如果台積電技術領先的優勢不再，是否也意味著台灣的競爭力不再？如果無法確保台積電可以永續發展、獨占鰲頭，現在要換台灣的領導人睡不著覺了。

台灣產業發展本身存有太多限制，人力不足、能源有限、腹地不廣、市場太小等等，我們已經不可能變成更大的生產大國，我們必須以「有限的資源，打無限的戰爭」。從這些角度來看，產業過度依賴少數企業畢竟有巨大的挑戰與風險，台灣必須分散風險，找到另外的生存之道。

諾基亞崩解到再生的學習

我們來看諾基亞（Nokia）的例子。我有一位長居美國的華人朋友 Arthur 林，早年諾基亞買下他的新創公司技術，因此成為諾基亞手機通訊部門重要成員長達十年之久，他經常往返芬蘭與矽谷之間，實際參與和觀察諾基亞這家公司的發展。在九〇年代間，獨領風騷的諾基亞曾稱霸手機市場長達十五年之久，最高峰時擁有全球四〇％以上的市占率，光這一家公司就扛住芬蘭二五％的ＧＤＰ，大舉吸納國內外最厲害的通訊技術精英，諾基亞被譽為芬蘭的「護國神山」亦不為過。

然而，當二〇〇七年賈伯斯推出第一支蘋果手機之後，便迅速掩蓋了諾基亞的榮光。那時候諾基亞追求單項技術的極致（例如它已經開發出先進的３Ｇ，而蘋果卻只有2.5Ｇ），可是賈伯斯更在意整體綜效的發揮，同時大幅刷新觸控螢幕的使用體驗，一舉獲得了消費者青睞；加上其他安卓系統手機的急起直追，二〇一二年後諾基亞被夾殺輾壓，數度面臨拆分、轉賣、裁員以及複雜重整，垂死掙扎之間，甚至一度消失在世人眼前。

當時 Arthur 已經離開諾基亞，但透過往日的同僚聯繫，等於親自見證諾基亞雪崩式的垮台，母公司市值從輝煌時期的兩千五百億美元縮水到只有十分之一，連帶波及芬蘭大半的產業。諾基亞在北極圈內知名的研發基地、總人口二十三萬人的小鎮奧魯（Oulu），原本雇用五千名員工，許多高級主管因此一夕失業。不少人領了失業補助金，不急著找工作，在裁員銜接計劃安排下，重回大學讀書（re-education），藉此空白時期大量進修以前讀過的通訊工程、電腦晶片，並趁機跨界到美學、藝術、文學等其他領域，讓自己成為一個更完整的人，之後又重新在不同領域創業。

另有一批技術人員在被資遣的同時，經公司的同意與支持，取得諾基亞授權的各項專利技術，利用這些專利技術，化整為零成立了許多家新創公司，在每個不同的領域追求極致展現（母公司同意初期免費授權單項專利，當研發獲利後，才分享部分成果）。幾年後，芬蘭翻轉了一家獨大的產業結構，如今整個公司的總產值不僅回到當年諾基亞全盛時期，甚至超越了過去，成為極有競爭力的世界第二大電信設備供應商。

諾基亞由盛而衰，進一步再由崩解到再生的過程，可說是一次長達三十年產業轉型的修練。芬蘭等北歐國家，原本就有根深的社會福利基礎，不但認為健康照護是國民基本的權利，對教育更是視之為天賦人權，認為教育及健康照護必須讓每個公民皆能負擔，這也是國家最重要的基本職責。由諾基亞興衰的例子，我們可以看到政府必須聚焦，必須弄清楚哪裡有發展的機會，即使在偏遠靠近北極圈的小城，都設立最不耗能源、卻極具創意研發能力的基地，站在國家產業的發展高度上，提供不同性質的企業、大學或其他進修管道，協助企業轉型與再生。

南進強敵環伺，須重估情勢

三、四十年前，台灣之所以能快速轉進中國大陸，得力於當年中共當局政策性的鼓勵，加上語言通、文化同，然而時移世易，當初台商進入中國大陸的優勢，已經完全沒有了，如果移出中國大陸，我們必將要面對完全不同的競爭環境。

越戰結束至今已經六十多年了，當初因戰亂而逃出越南的難民，分散於世界各地尋求庇護，如今這些居住於澳洲、美國、歐洲等先進國的第二、第三代越南人都受了不錯的西方教育，可以想像有些人會趁著這波東亞崛起的機會，回到母國越南發展，這些有西方經驗的新生代利用語言優勢，將可為越南效力。如同台灣在八、九〇年代，許多人才到美國學習、訓練，儲備跨國能力之後，回國後推動經濟發展。再看印度人才，實力更強，矽谷各大企業中，印度裔工程師比比皆是；各大科技產業中，印度裔CEO與英美人士的占比更是高得驚人；其中IBM、微軟與Google母公司字母公司的執行長都是印度裔。當印度或越南經濟崛起，開始壯大時，有西方背景的移民大有機會回到母國發展，成為國際耳目，打開國際合作的契機。另一方面，人口眾多的印尼，與台灣有不同的宗教及較為複雜的種族背景，台商要打進去也並不容易。

台灣已失去南進的優勢。我們必須了解現在談「南進」，已經與我們當初進入

台灣產業發展本身存有太多限制，人力不足、能源有限、腹地不廣、市場太小等等，我們已經不可能變成更大的生產大國，我們必須以「有限的資源，打無限的戰爭」。

大陸的背景條件完全不一樣了。再說中國大陸早就布局妥善，一帶一路將觸角伸向全球，遠到連非洲都深耕多時，有計畫的興建大量公路、鐵路、橋梁、碼頭、港口，影響力早已遍及全球。台灣如果只有用現在的技術，面對明天的挑戰，難度不言而喻。

「新加坡向外走」，超前部署三十年

我們南進還有機會點嗎？來看看新加坡的例子。一九九二年，當時新加坡內閣資政李光耀率團前往中國，表達兩國合作共同建立工業園區的意向，兩年之後，「蘇州工業園區」成立，成為新加坡創新知識產業的聚集地，背後主導開發的是新加坡早在六〇年代就已經成立的「政聯企業」（Government linked company），結合了新加坡貿工部轄下的裕廊集團、新加坡經濟發展局，以及新加坡主權基金淡馬錫控股等公司。這家混血的「政聯企業」專精於工業園區、軟體園區、新市鎮等綜合開發。總部設在新加坡，但早就布局大東亞圈，包括了澳大利亞、中國、印度、印尼、越南、韓國、馬來西亞等九個國家、二十八個城市都有它的足跡。

新加坡政府如何積極？我們單看越南好了，一九九六年越南加入東協次年，新加坡政府便和越南在鄰近胡志明市的平陽省共同開發了「越南新加坡工業園區」（VSIP），越南出土地（幾乎是竹科的十倍大），新加坡負責出資開發，從無到有，以造鎮的雄心，鋪墊好園區所有的基礎建設，包括了水電管線、變電站、汙水處理、運輸物流等，甚至連三年免稅等條件都談好了。之後當起二房東向全球招商，如今已有六百多家公司進駐，也是台商的大本營。而同樣的模式也促成了今天的南印度的雨都班加羅爾（Bangalore），讓這座城市由荒煙蔓草的農村，發展到今天一千兩百萬人口的「印度矽谷」，各國都有許多類似的例子。

當我們台商想要搬出大陸，準備南進時，發現新加坡在國家隊的領軍之下，早在二、三十年前就執行「新加坡向外走」的區域策略，在印尼、越南或印度開設了類似的特區預先布局，而且提供全包式一站到位服務（包括進入特區的廠商不必重新申請獎勵優惠條例），所有廠商進駐，只要安裝好自有的生產線、機台設備等，插上電源無縫接軌即可開工生產，不必跟當地政府再走一次繁瑣的申請過程，即使租金比較昂貴，但是搶時效的廠商仍是絡繹不絕。

小小彈丸之地的新加坡，自己沒有土地，卻懂得利用他國的土地，加上自己特殊的開發技術、管理及營運能力，向全世界擴散實質影響力，大賺腦力財。加上新加坡匯聚了華人、馬來西亞人、印尼人、印度人等各國人才，以英語互通的他們都成為新加坡的國際耳目，創造了許多國際連結。

這才是真正的預想未來、超前部署。然而，過去二、三十年間，台灣主政當局除了忙選舉、保政權之外，根本無暇擘劃策略，也沒有站在這樣的國際格局思考。我們必須覺醒，很多產業一旦離開大陸，去掉語言優勢，就大大削弱了競爭力，甚至在吃老本，可是下一步發展的天地又在哪裡？

全球覓才，吸引「腦礦」進駐

面對台灣的疫情，目前大家考慮和解決的都是當下的問題，卻都從沒考慮未來青年的就業，或為下一代產業預作準備。

高雄是往太平洋到東南亞必經的重要據點，位於東北亞、東南亞航線與中國大陸的咽喉，港埠設施與深水碼頭條件也優於香港，既有高鐵、海港、機場，海陸空交通網綿密交織，基礎設施也很完備，還有高水準的衛武營，房地產相對於其他東亞國家都會也很便宜。

早年我在美國運通時親眼目睹菲律賓的馬卡蒂（Makati Area in Manila）超前部署的例子。菲律賓在馬可仕時代，總統夫人伊美黛認為要把菲律賓拉到國際高度，於是在馬尼拉東南邊另外造了一個名為馬卡蒂的全新城市，邀請亞洲各地的大公司遷移到此，這些跨國公司總部主管視同外交官，擁有所得稅及各種房車、酒品的免稅優惠。而所謂總部人才是指非本地營運相關人員，但因為區域總部的設立，自然創造出在地的消費及區域人才會議往返的商機。不只促進菲律賓經濟，更是把人才的腦礦帶進來，將菲律賓一舉拉高到國際高度。美國運通亞洲總部也曾經一度從香港搬遷過去，但是馬卡蒂當時因為硬體條件不足，通訊、交通、基礎建設沒有同步提升，導致這個計劃最終並沒有真正成功（美國運通總部最後又撤遷到東京），雖然幾經改變，如今馬卡蒂已經變成菲律賓的金融中心，主要銀行、企業與百貨公司與外國大使館都座落於此。

在疫情重新洗牌之際，尤其是針對台灣最需要的國際軟體研發中心，這種做法值得高雄借鏡，何況高雄的條件又大大超越當年的馬卡蒂。甚至把高雄放到亞洲各城市比較，高雄擁有地利之便，不缺土地和房子，又有比新加坡、東京更優惠的租金，並且擁有最好的音樂廳、戲劇院、流行音樂廣場，可說已經Ready for change，唯獨缺的是國際人才與國際商務機制。

台灣目前已有能源的壓力、關稅的障礙，再設立出口生產基地，都有短期內無法解決的問題，如果我們把大高雄設立為亞洲科技的研發中心，則又是另一個局面，而當務之急是政府必須協助規劃，提出良好的誘因，開放長期的居留，吸引一流的國際人才來台，同時整體配套制定法規門檻，杜絕投機炒作房地產、土地，打造高雄為自由貿易港區（Free Trade Zone），吸引低耗能、非汙染性產業、新創設計、軟體研發中心到高雄設立企業總部，滙集來自全球優秀的專案經理、工程師、設計師，像諾基亞從崩解到再生，蛻變成無可取代的新星。

如今，台灣與國際要簽定各項的貿易協定，皆因某些政治因素，似乎都不太順利，雙邊談判都沒有出路。很明顯的，將來若發生貿易戰之時，我們能得到的奧援、支持將非常的少，他們不願意跟我們簽定，我們就沒有辦法，因為貿易協議的簽定多半「操之在人」；然而，高雄要提供什麼優惠、利基或商機等等，卻全部都是「操之在我」的決定。

當高雄不再只靠受限於人的加工出口，需要挹注國際腦礦之時，我們要提出哪些誘人的條件，這些全部都不需要他人同意，我們皆可自己全權決定。就像大陸之前在杭州打造一個專門特區，吸引台灣的藝術家、文化人前去分享，提供優渥的政策土壤，讓他們的創意可以異地開花、結果，提升大陸的文創水準；或者是像大陸當時曾主動開放海南島、福建，給予台灣落地免簽證；又或是類似諾基亞在北極圈旁邊的研發中心，以操之在己的思維吸引優秀的研發人才，最後變成一個產業再興的創意新星。總之，此刻最重要的是，政府與民間共同聯手，盤點、整理出這些「操之在我」的誘因與條件。

其實大高雄區向北可以延展到文化古都台南，往南又能擴及有山、有海的屏東，包括近期釋出的大鵬灣。挾南北這兩塊廣大的腹地，幾乎整個南台灣都是輻射範圍，很有機會成為另一個新加坡，可以讓整個南台灣更加均衡發展。在市中心建設只租不賣的公共住宅，照顧在地年輕人，他們也因不必負擔過重的房貸，薪水可以用於生活消費上，更易於發展城市經濟。

這項提案是一個「可達成的目標」，背後表達的是我們從一個國民對於地方及中央領袖有所期待的高度。這種開放的高度，跟只想讓更多大陸觀光客把六合夜市炒熱，兩者之間的差距有多大可想而知。

另一個願景：「台東總合性解決方案」

看完高雄「國際化」，再來看「在地化」，我想提出一項前瞻性的願景——「台東的全解方案」。與其受迫於形勢被動改變，欠缺全盤規劃，變成混亂的各自為政，我們是否可以主動規劃不一樣的未來藍圖？

全球農業人口不斷大幅遞減，以前有高達九五％的人務農；十八世紀時下降到六〇％，十九世紀更降到四〇％，到了二十世紀，因為機械的輔助，如今先進國家僅剩二%的農業人口。

早期的農業時代還沒有耕耘機，一般牛可以走多遠，田地就有多遠，田地圍繞著房子，農民的生活以田地為中心，形成一個農村或社區。而學校依村（社區）而建，遂成散置各村落的小型學校。小村加小校的教育環境因此被固定成型，早年教育是昂貴的，家長只期待孩子早一點小學畢業，可以投入農業生產。

如今這個老舊的模型必須重新替換了，導入高科技農業模式，人口就可以集中

當高雄不再只靠受限於人的加工出口，需要挹注國際腦礦之時，我們要提出哪些誘人的條件，這些全部都不需要他人同意，我們皆可自己全權決定。最重要的是，政府與民間共同聯手，盤點、整理出這些「操之在我」的誘因與條件。

在交通方便的地方，農夫也可以成為科技農夫，扭轉以前「透早就出門，天色漸漸光，辛苦顧三頓」的艱難，現在只需要網路監視器、遠端監控、自動控制感應澆灌施肥系統、無人機巡田水，甚至以警報系統就可以驅離猴子等動物侵犯農作物。

當未來機器人取代人類大量工作後，整個農村或部落結構也將大幅改變。未來耕種的地方只是做事、工作的所在，耕田像是去上班，可以騎車或開車往返。也不必散居在農田之間，可以更加集中居住，重新聚集人群，發展為新的小型群聚生活圈，結合起來後，又將重新調整新的生活機能，形成一個更便於互相支援的社區。

整合教育資源的偏鄉學校想像

台東縣面臨人口老化、人口外移、少子化等危機，部分村落正在逐步凋零，十年間，台東人口平均一年減少約一千三百人。台東縣政府也已構思在部分鄉鎮推動地方創生，發展地方特色物產，創造就業機會，期盼留住在地青年，鼓勵年輕人生育。但光是地方創生是不夠的，我們看到瑞穗&鶴岡、長濱&豐濱、關山&池上、海端&延平、都蘭&金樽（成功／東河）、南迴以南（太麻里／大武），花東地區六十人以下國小就已占了半數。

中學生多長途跋涉或離鄉背井就學。花蓮市以南、台東市以北，縱橫一百多公里的距離，高中職業學校在縱谷線僅有關山工商，海岸線僅有成功商水。幾乎所有孩子在國高中階段都需要離鄉背井住宿外地就學。十年前成功商水曾經戲稱自己是花蓮市以南、台東市以北東海岸的最高學府，有超過四百多位學生，現在卻只剩下一百七十多個學生，在少子化衝擊和人才虹吸效應之下，未來人口問題只會加劇。

偏鄉住校學生大多家庭功能不全，需要學校提供更多身心照顧，但目前多數學校住校資源不足，亟需整合教育資源，營造兼顧「教師培育」、學生「生活照顧」，「連結在地文化特色」的住宿型學校。

教育問題之外，農村地區青年人口外流，傳統社會的生活方式及價值體系不斷遭受挑戰，而農村的高齡人口、獨居老人現象普遍，長者照顧資源明顯不足。面對「老人愈老，小孩愈少」，「青年返鄉」是唯一的解方。但若要鼓勵年輕人回鄉，必須要刺激他們內在的動機，而動機的產生又需要完整的配套，例如家鄉情感、文化渴望、子女教育、長輩醫療照護、有效的獎勵輔導及後續支持系統，返鄉前具備充分的能力和心態；返鄉中提供獎勵機制；返鄉後有各類輔導、同儕夥伴、社區組織，最後則是建立在地產業生態系。以下是幾項實際可行的做法：

一、青年就業：以文化傳承／分享為主體的就業機會；青年返鄉／半農半X的生活型態；綠能建築、特色民宿、原民美食、藝術與文化、山海體驗、運動健護等等，如宜蘭的不老部落。

二、未來教育：除了強化小學的師資，國高中更可以考慮住宿型學校，打造在地連結課程以及國際化校園，如均一國際實驗高中。

三、老人照護：建立新型態在宅醫療、長照、資源／資料庫整合、外部醫療資源、引入人才；運用銀髮族勞動力及智慧。

要發展深度旅遊的前提是青年必須願意返鄉

思考地方創生時必須從小孩的教育，到老人的養護，最重要的是**青年的返鄉**，同時考慮，三個環節缺一不可，才能得到全面解方

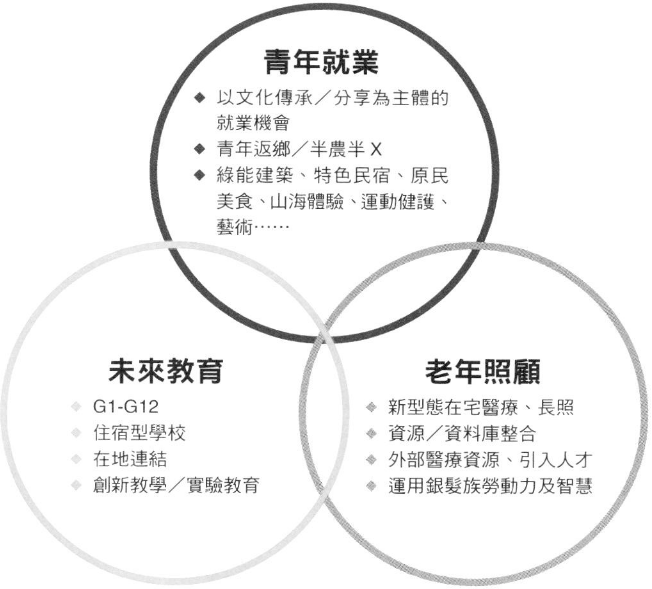
青年就業
◆ 以文化傳承／分享為主體的就業機會
◆ 青年返鄉／半農半X
◆ 綠能建築、特色民宿、原民美食、山海體驗、運動健護、藝術……
未來教育
◆ G1-G12
◆ 住宿型學校
◆ 在地連結
◆ 創新教學／實驗教育
老年照顧
◆ 新型態在宅醫療、長照
◆ 資源／資料庫整合
◆ 外部醫療資源、引入人才
◆ 運用銀髮族勞動力及智慧

一次解決青年就業、未來教育與老人照護三大問題

新社區、活的社區、示範性地方創生，人口可以更加集中居住，成為新的社區，獨居老人問題也可以得到解決，依此而重新設立較具規格的學校，種種教育投資也才變得可行。現在學校愈來愈小，很多老師失業，無處可去，偏鄉每一所學校每年也必須花一千六百到一千八百萬，如果五個小校整合起來，大概就是目前均一可以照顧包括小學到高中的四百位學生，而且中學以上有將近兩百位學生住校的規模，就可以在各個地方複製出類似兼顧「教師培育」、學生「生活照顧」，「連結在地文化特色」的住宿型學校，況且我們「均一實驗高級中學」已做出了示範。透過師培中心，也可以提供政府支持的力量，我們沒有能力改變所有的問題，但是我們堅信「如果你想改變，永遠不要挑戰現有的體制，改變最好的方法是，設立一個可複製的模式，讓現有的體制有參考及改變的可能」。這就是我在台東設立均一國際教育實驗中學的目的。

從傳統走向未來，我們所構想的「台東總合性解決方案」，目的在一次解決青年就業、未來教育與老人照護三大問題，讓花東有嶄新的未來，也有機會做出台

灣成功的模式。然而，這些理論說起來容易，相信做起來一定有相當的阻力，建議政府一次只選一個需求強、配合度高的區域，先試行辦理、整體考量，等一個成功了，再往下推行。

台灣必須走向另一種自信與文化，其實現在已有多位部落青年透過自覺與努力找到解決方案，建立可以學習的典範：例如布農族 Tiang（馬中原），花了十年於軍旅生涯，其間抽空回部落做資源盤點，在二〇一六年退伍回到部落，成立了高山森林基地。在 Tiang 的努力下，發展出了在地體驗活動，他說：「在資源盤點時，我學習了國外的樸門農法和印地安人追蹤師訓練，結果竟然和爺爺、爸爸所教授的農耕、獵人技能有許多互通之處」，於是 Tiang 以部落的傳統智慧結合國外系統化的知識，設計出生態廁所和體驗遊程。漸漸有了一些成績後，開始有年輕族人向他詢問是否能回鄉一起工作。除了年輕人之外，Tiang 也希望透過修復部落獵徑，讓耆老獵人也參與生態導覽，傳承布農族的山林知識，共同為部落產業努力。

還有阿美族的「科睿」（Emas），二〇一五年他從軍人退役回到家鄉，負起文化傳承的使命。他形容向部落耆老採集故事，就像跟時間賽跑，隨著耆老一個一個逝去，Emas更感覺到文化傳承的使命和急迫。目前他和部落青年努力的方向，包括了整理老屋空間，邀請藝術家在老屋內依照磯崎村的地景、文化創作，成為磯崎生命故事館，並將磯崎國小空間活化，加設部落廚房，提供送餐服務；也策劃了部落戲劇表演，推出深度的原住民文化體驗，橫越海岸山脈健走、原住民堵魚體驗、部落媽媽採摘野菜等。

這個提案，表面上雖然針對的是台東，其實是指涉全台灣，我認為不管誰來當政，政府都必須用整個永續的角度來看待地方發展。

關鍵思考

兩岸兵戎相向，絕非大家樂見，站在永續生存之道的思考上，台灣必須要嚴格遵守「分散風險」的原則。任何經營企業的人也都曉得不要將雞蛋放在同一個籃子裡。台灣現在是否也應該要回到這個角色，跟國際做朋友，無論兩岸或世界各國，不談政治，不談對立，只談互惠互利、交友？我們要有很強大的自信，懷抱著「內斂優雅的氣質」，即使不要這些政治標籤，一樣在世界舞台有一席之地，台灣應該具有這些身段，以智慧和彈性跟國際打交道。

站在永續生存之道的思考上，無論兩岸關係進展如何，台灣都必須要嚴格遵守「分散風險」的原則。產業過度依賴少數企業畢竟有巨大的挑戰與風險，台灣必須找到另外的生存之道。政府必須聚焦，必須弄清楚哪裡有發展的機會。

Chapter 14

文明，才是唯一的解方

二〇二〇年三月，藝術家江賢二在北美館舉行了回顧展，總計達到十二萬五千人次的觀覽紀錄，成為北美館近年來最受歡迎的展覽之一，而且在疫情蔓延的人數嚴密控管之下，更屬難得，證明了江老師的作品有觸及人心最深的感動。

在這次兩百餘件名作之中，我最有感觸的是他於二〇〇一年創作的「對永恆的冥想」系列。當時江老師看到九一一事件，雙子星南塔、北塔一一倒下，最終化為一堆灰燼，他深受衝擊，沉澱之後，創作出「對永恆的冥想」兩幅代表性作品，表達出深刻的人道關懷。

在這幅作品之前，我總會深呼吸一大口氣，心情沉重，畫面黑暗，幾乎像原子彈炸下來，一個島燒了，兩個雙塔倒下來，濃煙滾滾，火光灼射，形同人間煉獄，令人非常震撼。做為一個抽象作品，當然可以有任何解釋，可是藝術家卻打破抽象，一筆一劃在畫面上慎重刮下「PEACE」、「COMPASSION」、「FAITH」、「真理」、「希望」、「同理心」等中英文字樣。我不由得回想恐攻之後，同一個時間之內，當時的小布希總統舉行全國性演講，但我卻衷心希望他不要提及報復及宣戰。

結果事與願違，我們看到日後美軍在中東進行了各種「報復性」殺戮，最終仍遍尋不著大規模毀滅武器。但卻在二十年間付出高昂的代價，仇恨衍生了更多仇恨，各種恐攻在全世界更加猖獗，問題永遠無法解決。而另一幅 Meditation on Eternity 0107 作品，江老師創作時先用白色打底，乾了之後，再全部塗黑，之後在其上又刮出一蓬一蓬的幾朵白光，畫面中也寫出「寬容」、「人道」、「和平」等文字，似乎象徵人類即使面對一片黑暗，仍會像這些微光，因人性及文明的提醒，得以見證些許殘存的希望。

從戰爭走向藝術與文化

思及兩岸目前的現狀，不僅令人心情沉重，也讓我不由得想起，將近兩百年前曾經參與美國「獨立宣言」共同簽署、被美國人視為開國元勛的第二任總統約翰・亞當斯（John Adams），曾寫給太太一封信，裡面說道：「我現在正在學習政治跟戰爭，為的是希望我們的子女將來有機會可以學數學、科學，而這些為的又是讓他們的子女可以學習藝術跟文化。」一個國家如果只有發展經濟，或是一天到晚講戰爭、政治，其實還只是比拳頭的蠻荒初始階段，離國民的幸福還很遠，因為這些還只是手段，政治上的安定，目的是要讓下一代可以好好學數學和科學，探新究奇、博取新知、提升知識水準、創造興利，擁有富足的生活。然而，有了數學與科學還不夠，在這樣的基礎之上，最終目的是要讓第三代的孩子可以好好學藝術和文化。

亞當斯出生於十八世紀，做為一個國家領袖，即能體會到文明與文化是這樣層層積累，沒有捷徑，並且得來不易。我們如今站在巨人的肩膀上，難道要走回頭路，把文化藝術僅僅用來陪襯政治與戰爭嗎？

文化與文明不同

在這個非常時期，台灣必須回到文明的狀態，面對世界，用文明來升級教育，讓國家走向更和平的未來。文化與文明經常相提並論，但許多人無法區分兩者差異。我認為兩者並不相同。「文化」不直接代表「文明」。文化有好有壞，有些古老社會的巫術、殘忍的習俗很難說適合於現在，更難說是文明。

英文中的「文明」（civilization）一詞源於拉丁文「civilis」，有「城市化」和「公民化」的含義，引申為「分工」、「合作」，亦即人們和睦的生活於「社會集團」中的狀態，也就是一種先進的社會和文化發展狀態，以及達到這一狀態的過程。《牛津詞典》也將「文明」定義為「社會高度發達、有組織的一種狀態」。

文明是「塑之於內、形之於外」，而文化是文明重要的載體，形塑一個人內在世界的重要元素，但是這樣還不夠，文明所要求於人的面向更多、更廣。因此，對於文明的追求，需要補足更多的人性良知、倫理道德、歷史視野、法律與典章制度……，這也是多元教育、博雅教育於今更益重要的原因。

文明是人類特有的產物，動物世界沒有文明，孟子說：「人之所以異於禽獸者，幾希（黑猩猩的基因組與人類相似性高達九九％）。」就是這個看似一點點的「幾希」，造就了「文明」與「野蠻」截然不同的發展。但最終若要創造人類文明的社會，必須要透過多元的教育、文化的薰陶，如果沒有悲憫心，最終將是人類的災難。例如，希特勒有卓越的繪畫天賦，有精湛的古典音樂鑑賞能力，也到處蒐集或搶奪藝術名作，但諷刺的是，他卻是破壞人類文明的劊子手。

知名電影「辛德勒名單」之中有一幕，納粹在一場屠殺之夜，無所不用其極的搜索躲藏的猶太人，他們用聽診器屏氣凝神聆聽何處有風吹草動，這時樓房的一個黑暗的房間裡不可思議的響起了鋼琴聲，而且是很美妙的鋼琴聲，是巴哈「平均律」中的一首賦格曲。

文明是「塑之於內、形之於外」，而文化是文明重要的載體，形塑一個人內在世界的重要元素，文明所要求於人的面向更多、更廣，需要補足更多的人性良知、倫理道德、歷史視野、法律與典章制度……，這也是多元教育、博雅教育於今更益重要的原因。

演奏者的技巧很好，彈奏得節奏流暢，旋律十分歡快、激揚。兩個納粹士兵停下動作，居然站在門口談論起：「這是巴哈？」「不，這是莫札特。」如果是在另一個時空，他們可真有文化修養，但聆聽一會兒之後，他們依然提起步槍，沉浸在殺戮的快感裡。急促的鐵靴忽上忽下追趕，槍聲在黑暗中騰跳，哀號在樓梯間迴盪。古典音樂被拿來襯托大屠殺，令人背脊發涼，巴哈歡快的鋼琴曲一直伴隨著這血光噴濺的大屠殺，直到片尾留下荒涼小鎮，廢墟一片陰暗，連星星都走避。文化綻放的極致，卻是文明萬劫不復的深淵。

拿來主義盛行，文明偏斜

文明有著開化與啟蒙的意涵，同時反映了人類以科學與技術實現進步的生活，就像在暗室裡，把一盞燈打亮，然而強光也照出了陰影。

拉遠歷史來看，十九世紀中期，美國東印度艦隊司令官佩理（Matthew Calbraith Perry），率領四艘全副武裝的黑色大船，直闖東京橫須賀港，打開了鎖國兩百多年的日本，之後在列強不平等條約的蠶食下，日本瀕臨亡國，不得不變法圖強，進入史稱「明治維新」的時代。其核心精神是「求知識於世界，大拯皇基」，僅用了不到三十年，日本就突飛猛進，超歐趕美，實現了「富國強兵、殖產興業、文明開化」的三大維新目標。

而在另一頭，中國自一八四〇年鴉片戰爭，在英國軍隊前一籌莫展的狼狽敗北。隨後的二十年間，在日本明治維新、積極西化之際，中國陷入了太平天國的亂流，像是歷史的轉轍器，徹底的改變了兩個國家的命運。尤其醇親王為了討好慈禧太后，挪用海軍經費改建「頤和園」，這筆預算足可擴建更新北洋艦隊。而清廷原本向英國訂製的新式戰艦，因為付不出貨款，被英國轉賣給日本，為日本的戰力大大補血。惡果來了，當一八九四年，甲午戰爭爆發，北洋艦隊無論航速、射速皆落後於日本，北洋水師深受重創，不是被日本海軍擊沉，就是全體投降。據歷史學家統計，當時北洋水師發出的炮彈只有日本的十分之一，武力如此懸殊，戰術無比落後，使得滿清迅速衰敗。

以軍國主義為戒

但是維新之後的日本，開始志得意滿，養出了軍國主義的野心。十九世紀日本著名思想家福澤諭吉為日本指出一條捷徑：「我國不可狐疑，與其坐等鄰邦之進，退而與之共同復興東亞，不如脫離其行伍，而與西洋各文明國家共進退。」所謂的西洋文明國，當時正在全球透過征戰，四處掠奪，擴張有利的勢力範圍，日本自認已變成工業化強國，便選擇加入西洋列強武力侵占、劫掠的行列。日本先以武力逼迫鄰國朝鮮開國，並從中獲利。之後發動「九一八事變」，侵占東北三省，用以對抗俄國。歷史學家分析，明治維新前期，日本是「通過改革來促進發展」，但到了中後期就變質為「通過戰爭來促進發展」，透過擴張侵占，獲取大量的資源。一八九五年甲午戰爭後，日本從中國所獲的賠款相當於當年國家財政收入的四倍，而其中一半以上都用於擴充海、陸軍備。幾番得手之後，日本軍國主義野心更加蓬勃發展，日俄戰爭勝利後，主戰派聲量愈來愈難以抑止，甚至發展到建立大東亞共榮圈、獨霸太平洋和印度洋的地步，在長達半個世紀中，戰爭一個接著一個開打，成為與歐美各國無異的新帝國主義國家。

精神文明淪落，國家不足以永續

這些都是在物質發達的表象中找到了原本喪失的自信，反而壯大了擴張逞強的野心，而這個野心最後將日本帶向戰爭，變成加害國，帶給其他國家無盡的災厄苦難，當然除了日本以外，同樣走岔路的還包括鐵血宰相俾斯麥領導的德意志帝國。文明若只有學到表象，卻還是淺盤的學習，日本「拿來主義」盛行，而沒有學到文明的內核，包括對世界和平的承諾，關懷弱勢的利他主義，為人類平等互惠努力，只有物質文明的追趕，缺少精神文明的平衡。以為自己的經濟富了、軍事強了，就揮拳擄袖想要稱霸世界。然而，這些全不足以支撐一個國家走向永續。鑑諸史實，日本全心全意以武力欺凌他國的軍國野心，最後走到幾乎全面毀國的道路上。兩顆原子彈轟轟然震醒大日本的迷夢，前此明治維新八十年積累的物質文明成果也在蕈狀雲中化為灰燼。所有的「強國」當以此為戒。

我們常說：「止戈為武。」愈是擁有絕對權力的人，愈能把利爪收斂在手裡，絕不輕易示人，這才是一個文明國家的高度。如何跳脫為所欲為的獨裁誘惑，審慎節制權力，尋求雙方最好的利害交集，展現為國民謀福利的道德，是每一位領袖的功課。

美國第三十四任總統德懷特・大衛・艾森豪（Dwight David Eisenhower）卸任總統前，曾發出這樣沉痛的呼籲：「每一把造好的槍，每一艘造好的戰艦，每一枚發射的火箭，最後來說，相當於對那些寒冷無依飢餓者的偷竊。窮兵黷武的世界不只消耗錢財，也消耗勞動者的汗水、科學家的智慧，以及下一代的希望。」他曾是第二次世界大戰期間盟軍在歐洲的最高指揮官，亦是美國歷史上九位的五星上將之一，走過戰爭，艾森豪深知戰爭的荒謬。

我們想想，世界上幾個窮兵黷武的「強國」不就是這樣嗎？花費這麼多錢財、眾人的汗水、科學家的智慧，以及下一代的希望，以這麼高昂的代價，做出這麼沉痛的犧牲，人類發展出的科學理性，絕對不能用在毀滅人類自己身上。

期盼文明能戰勝一切

過去一年多以來，香港經歷了前所未有的巨變，我所熟識的香港朋友們全都陷入極大的憂患意識裡，其中我的一位好友是香港某大學的董事，有一天他拍了一張照片，並傳了一封訊息給我，裡面是六年前我所出版的《你就是改變的起點》。我在全書一開始的首頁上寫著：「我常慶幸能生於台灣，是它造就了我及許多的人，但似乎驟然間我們失去了方向。台灣沒有預期的好，但也絕對沒有想像的糟，只要你我願意，捲起袖子，我們就是改變的力量！」或許，經歷了反送中、黑警事件、國安法的種種動亂，這段話竟然觸動了他，他將「台灣」二字改成「香港」，手寫拍照回傳給我。我沉默良久，只能打氣似的鼓勵他：「期盼文明能戰勝一切。」

他再回訊寫著：「每天的挑戰都教人以為吃不消了，但是明天還有更辣的！」看到香港已經那麼慘了，沒想到局勢還可以更糟，他又寫道：「但是國際商譽上香港很傷，台灣確實是被捧起來了，香港青年認定台灣是最美、最美、最美的地方……可是我仍然深愛香港，會努力守住！」這番話教我動容，心裡一陣蜇痛，香港年輕人之所以覺得台灣是最美的地方，是因為台灣擁有「自由」與「民主」。但是不成熟的民主未必十全十美，我們都看到民主醜陋的一面，被遊說、被扭曲、被濫用，很多政治人物展現了低劣的人品，甚至帶領國家走向猖狂的利己主義。但是，我們畢竟在學習民主的道路上，經過這麼多年的努力，成為亞洲華人第一個踐行民主體制的國家，也累積了可以做為對岸發展民主自由的參考版本。

特別是台灣展現了友善寬容、愛好和平、追求多元價值的能耐，在國際間也有最好的扮演角色——「擴大人文關懷，做好世界公民」。雖然我們不一定有軍事的「銳實力」（Sharp Power），或是在國際強國政治夾擊之下縱橫揮灑的「巧實力」（Smart Power）。但是，我們卻有著不容小覷的「軟實力」（Soft Power），這是一個國家的文化、文明的吸引力，以及自然散發出近悅遠來、打動人心的「魅力」，這是台灣應當努力的強項，特別是做為全世界中華文化保存最完整的台灣，在自由、民主體制的伴護之下，可以成為華人世界的一盞文明燈塔。放大格局來看，中華文化不只是兩岸共有的資產，更是全人類的資產，並非一個國家、一個政黨可以獨享。

文明是人類不斷向前演進的足跡，也是我們無論面對兩岸與世界都必須努力追求的目標，這也才是我們真正嚮往的人類生活文明。

關鍵思考

愈是擁有絕對權力的人，愈能把利爪收斂在手裡，絕不輕易示人，這才是一個文明國家的高度。如何跳脫為所欲為的獨裁誘惑，審慎節制權力，尋求雙方最好的利害交集，展現為國民謀福利的道德，是每一位領袖的功課。

台灣畢竟在學習民主的道路上，經過這麼多年的努力，成為亞洲華人第一個踐行民主體制的國家，也累積了可以做為對岸發展民主自由的參考版本。

我們有著不容小覷的「軟實力」這是一個國家的文化、文明的吸引力，以及自然散發出近悅遠來、打動人心的「魅力」，這是台灣應當努力的強項，特別是做為全世界中華文化保存最完整的台灣，在自由、民主體制的伴護之下，可以成為華人世界的一盞文明燈塔。

國家圖書館出版品預行編目（CIP）資料

我所嚮往的生活文明／嚴長壽著．-- 第一版．
-- 臺北市：遠見天下文化出版股份有限公司，
2021.1
面；　公分．--（財經企管；BCB720）
ISBN 978-986-525-014-0（平裝）

1. 言論集

078　　109019554

財經企管 BCB720

我所嚮往的生活文明

作　者 — 嚴長壽
採訪整理 — 吳錦勳

總編輯 — 吳佩穎
責任編輯 — 黃安妮
內封面畫作 — 江賢二
內封面攝影 — 陳應欽
封面暨內頁設計 — ayen
圖片提供 — 公益平台文化基金會
出版者 — 遠見天下文化出版股份有限公司
創辦人 — 高希均、王力行
遠見・天下文化 事業群榮譽董事長 — 高希均
遠見・天下文化 事業群董事長 — 王力行
天下文化社長 — 林天來
國際事務開發部兼版權中心總監 — 潘欣
法律顧問 — 理律法律事務所陳長文律師
著作權顧問 — 魏啟翔律師
社址 — 台北市 104 松江路 93 巷 1 號

讀者服務專線 — （02）2662-0012
傳　真 — （02）2662-0007；2662-0009
電子信箱 — cwpc@cwgv.com.tw
直接郵撥帳號 — 1326703-6 號　遠見天下文化出版股份有限公司
電腦排版／製版廠 — 中原造像股份有限公司
印刷廠 — 中原造像股份有限公司
裝訂廠 — 中原造像股份有限公司
登記證 — 局版台業字第 2517 號
總經銷 — 大和書報圖書股份有限公司　電話／ (02)8990-2588
出版日期 — 2020 年 12 月 31 日第一版第 1 次印行
2024 年 1 月 8 日第一版第 10 次印行

定價 — NT 400 元
ISBN — 978-986-525-014-0
書號 — BCB720
天下文化官網 — bookzone.cwgv.com.tw

天下文化
BELIEVE IN READING